___________ 학교 ___ 학년___반___________ 의 책이에요.

신나는 교과 체험학습 시리즈 이렇게 활용하세요!

'체험학습'이란 책에서나 수업 시간에 배운 지식을 실제 현장에서 직접 경험해 보는 공부 방법이에요. 단순히 전시된 물건을 관람하거나 공연을 보는 것이 아니라 학습을 하기 전에 미리 필요한 정보를 조사하는 것까지를 포함한 모든 활동을 의미해요. 어떻게 공부할 것인지를 준비하면 그렇지 않은 경우보다 훨씬 더 많은 것을 보고 느끼게 되겠지요. 이 책은 체험학습을 하려는 어린이들에게 좋은 길잡이 역할을 할 거예요.

❶ 가기 전에 읽어 보세요

이 책은 체험학습 현장을 어린이들이 쉽게 이해할 수 있도록 풀이한 안내서예요. 어린이들이 직접 체험학습 현장을 찾아가는 데 필요한 정보가 들어 있어요. 체험학습 현장을 가기 전에 꼼꼼히 읽어 보세요.

❷ 현장에서 비교해 보세요

이 책은 우리의 안전을 지켜 주는 소방서와 경찰서에 대해 알려 줘요. 소방관과 경찰관이 하는 일은 물론 부서, 사용 도구, 의복, 계급 등 다양한 정보가 실려 있지요. 또 불의 사고를 예방하고 대처하는 법이 실려 있어요. 이 책과 함께 안전하게 생활하는 방법을 배워 봐요.

③ 스스로 활동해 보세요

이 시리즈는 단지 지식을 전달하기 위한 교양서가 아니에요. 어린이 여러분이 교과서로 수업 시간에 배운 내용을 실제 현장에서 직접 체험하며 익힐 수 있도록 다양한 활동 내용을 담았지요. 책 중간이나 뒷부분에 이해를 돕기 위한 활동이 있으니 꼭 스스로 정리해 보세요.

④ 견학 후 활동이 다양해요

체험학습 후에는 반드시 견학 후 여러 가지 활동을 해 보세요. 보고서 쓰기, 신문 만들기, 그림 그리기 등을 통해 체험학습에서 보고 들은 내용을 다시 한번 정리하면 알찬 체험학습이 될 거예요.

신나는 교과 체험학습 39

안전은 우리에게 맡겨라 **소방서와 경찰서**

초판 1쇄 발행 | 2008. 4. 21.
개정 3판 4쇄 발행 | 2023. 11. 10.

글 이형선 | **그림** 김경옥

발행처 김영사 | **발행인** 고세규
등록번호 제 406-2003-036호 | **등록일자** 1979. 5. 17.
주소 경기도 파주시 문발로 197(우10881)
전화 마케팅부 031-955-3100 | 편집부 031-955-3113~20 | 팩스 031-955-3111

값은 표지에 있습니다.
ISBN 978-89-349-9653-8 64000
ISBN 978-89-349-8306-4 (세트)

좋은 독자가 좋은 책을 만듭니다. 김영사는 독자 여러분의 의견에 항상 귀 기울이고 있습니다.
전자우편 book@gimmyoung.com | 홈페이지 www.gimmyoungjr.com

어린이제품 안전특별법에 의한 표시사항
제품명 도서 **제조년월일** 2023년 11월 10일 **제조사명** 김영사 **주소** 10881 경기도 파주시 문발로 197
전화번호 031-955-3100 **제조국명** 대한민국 ⚠**주의** 책 모서리에 찍히거나 책장에 베이지 않게 조심하세요.

안전은 우리에게 맡겨라

소방서와 경찰서

글 이형선 그림 김경옥

주니어김영사

차례

소방서와 경찰서에 가기 전에

미리 준비하세요

준비물 《소방서와 경찰서》 책, 필기도구, 사진기, 지하철 노선도, 교통비, 간편한 옷차림

이런 점에 주의하세요

1. 소방서와 경찰서는 중요한 일을 하는 곳이에요. 외부에 공개할 수 없는 곳들은 함부로 들어가면 안 돼요. 반드시 안내자를 따라 움직이도록 해요.
2. 경찰서에서는 여러 가지 사건·사고에 대한 조사나 심문 등이 이루어져요. 그러니 큰소리로 이야기하거나 뛰어 다니면 안 돼요.
3. 사진은 꼭 허락된 곳에서만 찍어야 해요.
4. 소방차 주위에 함부로 돌아다니거나 탑승하면 안 돼요.

소방서와 경찰서를 견학하려면

많은 소방서와 경찰서가 어린이를 위한 체험 교실을 열고 있어요.

소방서의 안전 체험 교실에 참가하려면

1. 119 안전 신고 센터(www.119.go.kr)에서 자신이 살고 있는 시 또는 도의 소방 본부를 찾아봐요.
2. 소방 본부 사이트에서 자신이 살고 있는 지역의 소방서 사이트를 찾아요.
3. 소방서 홈페이지에 안전 체험 교실 신청 메뉴를 찾아 신청하면 되지요.
   ※ 메뉴가 없을 때는 안전 교육 팀에 전화를 걸어 문의하세요.

경찰서의 견학을 신청하려면

1. 사이버경찰청(www.police.go.kr)의 '경찰관' 소개에서 자신이 살고 있는 지역의 경찰서를 찾아봐요.
2. 해당 사이트에 경찰서 견학 안내가 있다면 신청할 수 있어요.
   ※ 만약 없다면 경무계에 전화를 걸어 견학에 대해 문의하세요.

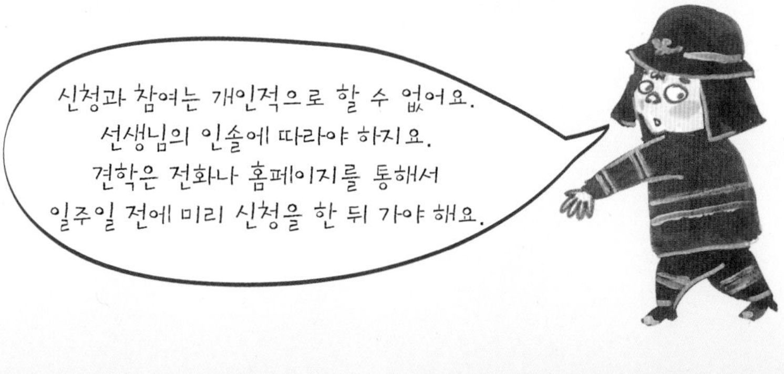

소방서와 경찰서는요……

안녕, 친구들! 오늘 우리는 아주 특별한 곳에 초대받았어. 그곳이 어디냐고?
바로 소방서와 경찰서란다. 소방서와 경찰서는 우리가 사고를 당했거나 위험이 닥쳤을 때 가장 먼저 도움을 요청하는 곳이지. 소방관과 경찰관은 도움이 필요한 곳이면 어디든지 달려가 어려움을 척척 해결해 주는 분들이야. 이런 분들이 있기에 우리가 안전하게 생활할 수 있단다.
소방관이나 경찰관은 우리 주변에서 쉽게 만날 수 있어. 하지만 이분들이 정확히 무슨 일을 하고, 어떤 곳에서 일하고 있는지, 모두 궁금했을 거야.
자, 그럼 지금부터 소방서와 경찰서가 어떤 곳인지, 소방관과 경찰관은 어떤 일을 하는지, 일상생활에서 우리가 지켜야 할 안전 수칙은 무엇인지 함께 알아보자.

소방서와 경찰서 체험은 여기에서 !

소방서와 경찰서는 곳곳에 있지만 늘 바쁘기 때문에 다가가기 쉽지 않아요. 대신 이 두 기관이 무슨 일을 하는지 가까이에서 체험해 볼 수 있는 곳들이 있답니다.

소방서 체험

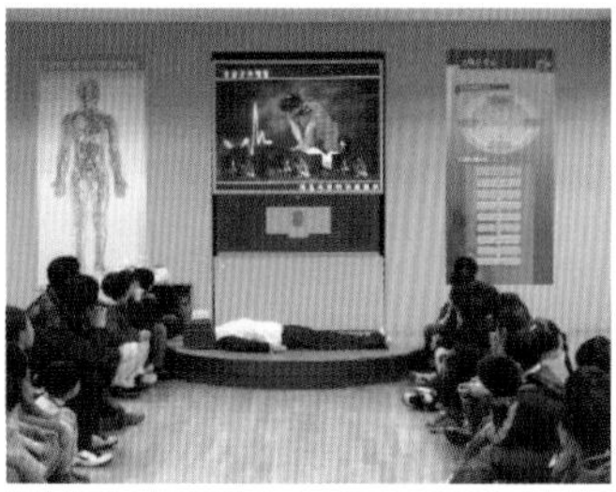

서울시민안전체험관

가상 재난 체험을 통해 사람들에게 사고를 예방하는 방법과 대처 요령을 알려 주는 곳이에요. 지진, 태풍, 화재, 교통사고 등의 재난 체험, 일반 응급 처치, 전문 응급 처치, 소방관 체험 등의 프로그램이 있어요. 홈페이지를 통해 미리 예약해야 한답니다.

- **운영 시간** : 09:00 ~ 17:00(수요일 야간 체험은 19:00 부터 종료시까지)
  ※휴관일은 매주 월요일, 1월 1일, 설날, 추석 당일이에요.
- **입장료** : 무료
- **문의** : 02-2049-4061(광나루), 02-2027-4100(보라매)
- **홈페이지** : safe119.seoul.go.kr
- **주소** : **광나루안전체험관** 서울특별시 광진구 능동로 238
  보라매안전체험관 서울특별시 동작구 여의대방로 20길 33

인터넷에서 체험해 봐요

- **한국 119소년단 (www.young119.or.kr)**

소방서에서 하는 일을 자세하고 재미있게 소개하고 있어요. 특히 한국 119소년단의 귀여운 캐릭터 꾸미, 랑이와 함께 하는 동영상 '화재 안전 여행'은 화재 예방을 위해 어린이들이 알아야 할 내용을 흥미진진하게 보여 주고 있어요.

- **행정안전부 어린이 (www.mois.go.kr/chd/a01/chdMain.do)**

'안전배움터' 메뉴로 들어가면 어린이들이 화재를 예방하기 위해 어떻게 해야 하는지, 불이 났을 때 어떻게 행동해야 하는지 알려 준답니다.

경찰서 체험

경찰 박물관

옛날부터 오늘날까지 경찰의 모든 것이 전시되어 있어요. 경찰의 역할과 일을 직접 체험해 볼 수도 있지요. 모두 6층으로 되어 있는데 한 주제씩 꾸며 놓아 관람하기 편리해요. 1층에는 경찰 근무복을 입어 보고, 교통용 모터사이클과 순찰차를 타는 등 직접 체험할 수 있는 코너가 마련되어 있어요. 2층에는 '범인잡기', '시뮬레이션 사격장' 등이 있지요. 5층에서는 경찰의 역사를 한눈에 볼 수 있답니다.

- **운영 시간** : 9:30 ~ 17:30(종료 1시간 전에는 입장해야 해요.)
  ※휴관일은 매주 월요일, 1월 1일, 설날, 추석 당일이에요.
- **관람료** : 무료
- **문의** : 02)3150-3681
- **홈페이지** : www.policemuseum.go.kr
- **주소** : 서울시 종로구 송월길162

인터넷에서 체험해 봐요

• 도로교통공단 (www.koroad.or.kr)

도로교통공단에서 어린이들의 교통 안전을 위해 교통안전교육 자료실을 만들어 놓았어요. 어린이를 위한 증강 현실 교육 콘텐츠와 시각 장애인을 위한 오디오북 동화가 준비되어 있어요. 교통안전에 대해 재미있게 배울 수 있으니 부모님과 들어가 보세요.

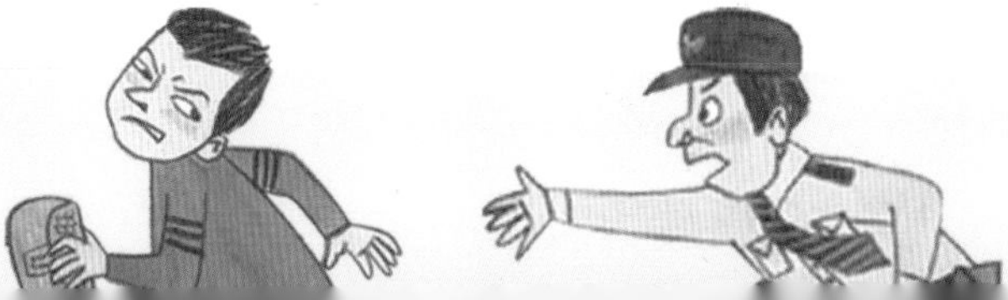

소중한 생명을 보호하는 소방서

불이 나면 가장 먼저 찾는 곳은 어디일까요? 삐뽀삐뽀 사이렌을 울리며 달려가는 빨간 소방차가 머릿속에 먼저 떠오를 거예요. 맞아요. 바로 소방서지요.

그런데 소방서는 불만 끄는 곳이 아니에요. 평소 불이 나지 않도록 사람들을 교육하고, 불이 날 수 있는 곳에 미리 예방책을 세워 두는 것도 소방서가 하는 일이랍니다. 사람이 다치거나 갑자기 아플 때 급히 도움을 요청할 수 있는 곳이기도 해요.

이렇게 위급한 상황에 맞닥뜨리면 가장 먼저 떠오르는 소방서. 지금부터 소방서에서 하는 일을 알아보고 소방관을 만나 볼 거예요. 그리고 옛 소방 장비와 오늘날 사용하는 소방 장비에는 어떤 것들이 있는지 등 소방서에 관한 모든 것을 살펴봐요.

자, 소방서로 출동~!

소방서에서는 이런 일을 해요

소방서에서 하는 일은 크게 다섯 가지로 나눌 수 있어요.

가장 먼저 화재를 진압하는 활동을 하지요. 불은 한 번 붙으면 순식간에 번져 큰 재난을 몰고 와요. 그래서 불이 나면 일단 빨리 끄는 것이 중요하답니다. 조금이라도 빨리 출동해 화재를 진압하여 더 큰 피해를 줄이는 것이 소방서의 임무지요. 그러기 위해서는 평소 여러 가지 소방 장비를 점검하고 사용법을 익혀 두는 것이 필수예요.

두 번째로 화재 예방을 위한 활동이에요. 소방서는 이미 일어난 화재를 진압하는 것뿐만 아니라, 평소 화재가 일어날 만한 곳을 살피며 점검하는 일을 하지요. 먼저 모든 건물에 소화기나 소화전과 같은 소방 시설이 갖춰져 있는지 살펴보고 불이 났을 때 초기에 끌 수 있도록 점검해요. 그리고 화재가 났을 때 사람들이 대피할 수 있는 시설이 갖춰져 있는지도 확인해요. 불이 날 수 있는 위험물이나 폭발할 수 있는 가스 시설을 잘 관리하는지 감시하는 것도 화재를 예방하는 데 필요한 일이에요.

세 번째, 사람들에게 불조심에 대해 교육하고 널리 알리는 것도 소방서의 역할이에요. 화재가 일어나기 쉬운 불조심 기간에는 사람들에게 특별히 조심하도록 알려 주지요. 소방서 체험학습 등을 통해 어린이들에게 화재의 위험과 지켜야 할 안전 수칙을 교육해요.

❶

❷

❸

네 번째, 구조 활동이에요. 우리 주변에는 매일같이 여러 가지 사고가 끊이지 않고 일어나요. 위험한 사고가 일어났을 때 사람들의 생명을 구하기 위해 119 구조 대원들이 사고 현장으로 달려가 구조 활동을 벌여요. 자동차 사고가 일어나거나 건물이 무너졌을 때, 엘리베이터가 고장 났을 때는 물론 홍수나 태풍, 산사태 등 자연 재해가 일어났을 때도 가장 먼저 달려가 사람들을 구조하지요.

다섯 번째, 구급 활동이에요. 소방서에는 119 구급대가 항상 대기하고 있어요. 불이나 사고가 났을 때 다친 환자들을 치료하고 병원으로 옮기는 일을 하지요. 그뿐만 아니라 몸이 불편한 노인들을 돌보거나 공원, 유원지, 행사장처럼 사람들이 많이 모이는 곳에서는 언제 일어날지 모르는 사고에 대비해요.

이 밖에 화재 원인을 조사하고 소방법을 지키지 않은 사람들에게 벌금을 물리는 것도 소방서의 일 중 하나지요.

4

5

화재에도 급이 있어요

화재는 크게 A, B, C 세 등급으로 나뉘어요. A급 화재인 보통 화재는 나무나 천, 종이, 플라스틱 등에 일어나는 화재로, 재를 남기지요.

B급 화재인 유류 화재 또는 가스 화재는 휘발유, 석유와 같이 불에 타기 쉬운 액체나 프로판 가스 등에서 발생한 불로, 다 타고 난 뒤에 아무것도 남기지 않아요.

C급 화재는 전기로 발생한 화재예요. 변압기, 전기 다리미, 두꺼비집 등 전기가 통하는 기구에서 일어나는 화재를 말하지요.

소방서를 둘러보아요

먼저 소방 조직이 어떻게 이루어져 있는지 살펴볼까요? 우리나라 소방 조직은 크게 광역시와 각 도에 총 16개 소방 재난 본부를 갖고 있어요. 그 아래 지역마다 소방서가 있지요. 각 소방서는 119 구조대와 구급대, 그리고 여러 개의 119 안전 센터를 관리하고 있어요. 여러분의 집 근처에서 쉽게 볼 수 있는 가장 작은 소방서가 바로 119 안전 센터랍니다.

소방서에는 화재가 났을 때 빠른 신고와 출동을 위한 여러 시설이 있어요. 소방서를 한번 둘러볼까요?

차고
가장 중요한 소방 장비들이 있는 곳이에요. 사고는 늘 예고 없이 일어나요. 그래서 소방차는 사고 현장으로 언제든 신속하게 출동할 수 있도록 준비해 놓아야 한답니다. 언제 일어날지 모르는 화재에 대비해 평소 장비를 점검해 두지요. 차고 문은 버튼 하나만 누르면 자동으로 열고 닫혀요.

체력 단련실
위험한 화재 현장에서 화재 진압과 구조 활동을 해야 하는 소방관들이 평상시에 체력을 키우는 곳이에요.

소방 상황실

119 전화 신고는 소방 상황실에서 받아요. 소방 상황실에는 '소방 지령 시스템'이 설치되어 있어 신고 전화를 받는 동시에 신고한 사람이 있는 장소를 바로 알 수 있지요. 이렇게 해서 빠르고 정확하게 사고에 대응할 수 있어요.

옛날 소방서에는 망루가 있어요

지금처럼 불이 났을 때 전화를 할 수 없었던 옛날에는 소방서에 높다란 망루를 설치해 이곳에서 불이 났는지 감시했어요. 우리나라 최초의 소방 망루는 경성소방서가 남산에 세운 망루였어요. 망루에서 주변을 살피다가 화재가 난 곳을 발견하면 경종이나 나팔, 사이렌을 울려 알렸지요. 9~25미터 높이의 소방 망루는 1970년대 말 전화가 널리 보급되기 전까지 쓰였답니다.

몇 해 전까지 남아 있었던 용산소방서의 망루예요.

안전 체험실

시민들과 어린이들에게 소화기의 사용, 화재 예방, 대피 요령 등 화재에 관한 교육이 이루어지는 곳이에요. 불이 난 상황을 체험해 볼 수 있는 열 · 연기 체험실을 갖춘 곳도 있어요.

왜 화재 신고는 119일까요?

1970년 소방 상황실에서 신고 전화를 접수하고 있어요. 지금 같은 컴퓨터 시스템이 갖춰져 있지 않았어요.

1960년 11월 23일, 서대문소방서에서 경주소방서로 옮겨져 사용됐던 삼륜 소방차예요.

불이 나거나 사고가 일어나면 가장 먼저 119번에 전화를 걸어 알리지요. 119라는 번호는 위급할 때 떠오르는 친근한 번호가 되었어요. 그러면 왜 111도 아니고 115도 아닌, 119라는 번호를 사용할까요?

우리나라 119 전화는 일제 강점기 때 일본의 소방 제도가 우리나라에 들어오면서 일본에서 사용하던 번호가 그대로 전해져 굳어진 것이에요.

일본은 1917년에 화재를 신고하는 전용 전화를 설치해 전화 교환수에게 "화재!"라고 말하면 소방서에 접속이 되도록 했어요. 그런데 1926년 관동대지진을 겪으면서 전화 시스템이 수동에서 자동으로 바뀌었고, 세 자리 숫자의 응급 전화번호도 만들었지요. 지진과 같은 긴급 상황에서 다이얼을 돌리는 시간을 줄이기 위해서였어요.

처음에는 다이얼을 누르는 시간이 짧은 112번이었지만 일본에서 이미 사용하고 있는 지역 번호와 비슷하여 잘못 누르는 경우가 많았다고 해요. 그래서 1927년부터 지역 번호로 사용하고 있지 않은 9를 사용하여 119번이 탄생하게 되었지요.

우리나라에는 경성중앙전화국의 전화 교환 방식이 1935년 10월 1일 자동식으로 바뀌면서 일본의 119번을 그대로 사용한 것이에요. 전화번호에까지 일제 강점기의 흔적이 남아 있다는 것은 정말 안타까운 일이에요.

그러면 불이 났을 때 세계 여러 나라에서는 어떤 번호를 사용

할까요? 번호는 각기 다르지만 위급한 상황에서 빨리 떠오르고 누르기 쉬운 번호를 정해 화재 신고 전화로 사용하고 있어요.

외국의 긴급 구조 전화번호

미국 911
일본, 중국 119
영국, 홍콩 999
독일 112
프랑스 18
호주 000

다른 긴급 신고 전화번호

경찰 신고 112
환경 오염 신고 128
전기 고장, 불편 신고 123
가스 사고 신고
지역국번+0019
사람, 차량 실종 신고 182
부정, 불량 식품 신고 1399

이것이 국내 최대의 화재!

지금까지 일어난 화재 중 가장 많은 사람이 죽거나 다친 화재는 바로 1971년 12월 5일에 일어난 서울 충무로에 있었던 대연각 호텔 화재예요. 이 화재로 인해 163명이 죽고 63명이 부상을 입어 모두 226명의 인명 피해가 났어요. 이 화재는 가스통을 잘못 관리해 일어났지요. 그렇다면 가장 많은 재산 피해를 낸 화재는 어떤 것일까요? 바로 1953년 11월 27일 부산역에서 일어난 화재였어요. 이 화재는 176억 9,400만 원이라는 어마어마한 재산 피해를 남겼답니다.

여기서 **잠깐!**

이런 상황이 일어나면 어디로 전화해야 할까요?

긴급한 상황에서 아래 어린이들은 어디로 전화해야 할까요? 번호를 적어 보세요.

( ) ( ) ( )

정답은 56쪽에

용감한 소방관을 만나요

불길에 맞서 화재를 진압하는 진압 대원(위)과 위급한 사람들을 구조하는 구조 대원(아래)이에요. 모두 평소 주황색 기동복을 입지요. 진압 대원이 화재를 진압할 때는 방화복을 입어요.

무서운 불길의 위험에서 우리를 안전하게 지켜 주는 사람은 용감한 소방관이에요. 소방관은 안에서 활동하는 대원과 밖에서 활동하는 대원이 있어요. 소방서 안에서는 소방대원의 교육, 시민들의 화재 예방 교육, 화재 원인 조사 등을 하고 소방서 밖에서는 화재를 진압하고 구조 활동을 하지요. 소방서 밖 화재 · 사고 현장으로 출동하는 소방대원은 일반 대원, 구조 대원, 구급 대원, 그리고 소방 항공대와 소방 정대에 소속된 대원으로 나뉘어요.

소방관은 소방 차량과 장비를 능숙하게 조작할 수 있어야 해요. 또 화재 예방을 위한 규정도 모두 알아야 하지요.

소방관이 되려면 소방관 시험이나 소방 간부 후

소방대원의 상징

소방관이 어떤 일을 하는 대원인지 알고 싶다면 옷의 왼쪽 팔뚝에 붙어 있는 표식을 보면 되지요. 각각 상징물이 그려져 있어요.

일반 대원

화재 진압을 하는 대원의 상징은 호스 같은 긴 코로 물을 뿜는 코끼리예요.

구조 대원

구조대의 상징은 수색을 잘하고 충직하며 용감한 진돗개예요.

구급 대원

구급 대원의 표식에는 두 손으로 연약한 비둘기를 감싼 그림이 그려져 있지요.

소방 항공대

하늘을 책임지는 소방 항공대의 상징은 용맹스럽게 날아오르는 독수리예요.

소방 정대

강과 바다에서 활동하는 소방 정대의 상징은 영리한 돌고래예요.

보생 시험에 합격해야 해요. 그런 다음 소방관에게 필요한 체력을 갖추고 있는지를 알아보는 체력 시험과, 면접을 거쳐야만 한답니다.

무엇보다 소방관이 되려면 시민들의 생명을 구하고 재산을 지키기 위해 몸을 아끼지 않고 최선을 다하는 희생 정신을 가지고 있어야 하지요.

소방의 상징

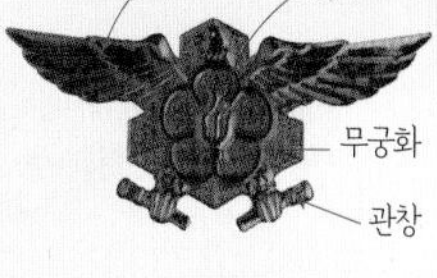

용맹을 상징하는 새매와 국화인 무궁화, 그 속에 어둠을 밝히는 횃불, 대표적인 소방 장비인 관창이 그려져 있어요. 횃불처럼 뜨거운 가슴을 안고, 재난을 경계하며, 재난이 발생하는 곳곳마다 신속하게 날아가 소중한 인명을 구조한다는 뜻이 담겨 있지요.

진압 대원의 방화복

진압 대원이 불을 끌 때 입는 방화복은 불에 잘 타지 않고 물이 스며들지 않아 화재로부터 소방대원을 보호해 줘요. 그뿐 아니라 불을 끄는 데 필요한 여러 장비들을 달아 놓았어요. 어떤 것들이 있는지 살펴보아요.

헬멧
충격을 막기 위해 머리에 쓰는 소방용 헬멧에는 불을 끌 때 눈을 보호하기 위한 렌즈가 달려 있어요.

산소 마스크
불이 났을 때는 산소가 부족하거나 몸에 해로운 가스가 나오기 때문에 반드시 산소 마스크를 쓰고 움직여야 해요.

장갑
장갑은 물이 새지 않을 뿐 아니라 불에 잘 타지 않는 천으로 만들었어요.

산소 호흡기
등에 지는 산소 호흡기의 산소통이에요. 무게는 모두 합쳐 8킬로그램 이하지요.

신발
특수안전화라 불리는 이 신발은 무거운 것이 떨어지거나 못을 밟아도 다치지 않도록 발가락과 바닥 부분에 강철판이 들어 있어요. 바닥은 미끄럼 방지 처리를 했지요.

압력계
산소통에 남아 있는 공기의 양을 알 수 있는 기계예요. 어두운 곳에서도 볼 수 있지요.

소방 장비가 궁금해요

불이 나면 가장 먼저 출동하는 소방차. 소방차는 종류도 많고 쓰이는 장비도 다양해요. 소방차와 불을 끄는 데 필요한 장비들을 살펴볼까요?

사이렌을 울리며 바람처럼 달리는 소방차

여러분이 보는 소방차 중 가장 흔하게 볼 수 있는 것이 바로 펌프차예요. 하지만 이 펌프차 외에도 여러 소방차들이 있지요. 화재는 높은 빌딩 위에서도, 산속에서도, 바다 위에서도 일어날 수 있기 때문에 화재의 종류나 장소에 따라 여러 소방 장비가 필요해요.

소방헬기
산에서 불이나 사고가 났거나 소방차가 갈 수 없는 고립 지역에는 소방 헬기가 떠요. 구조 활동과 화재를 진압하지요.

펌프차
화재가 났을 때 불을 끄는 작업을 전문으로 하는 소방차예요. 소방대원 중 진화 전문 요원 4~5명이 한 조가 되어 펌프차에 타고 출동하지요.

펌프차
펌프차는 소화 약품과 물을 싣고 다니는 것 외에
사다리, 절단기, 조명 기기 등 작업 용구와 구조 구명 장비, 방화복, 산소 호흡기 등 약 200가지의 안전 장비가 실려 있어요.

굴절사다리차

아파트나 고층 건물 등 높은 곳에 불이 났을 때 필요한 차예요. 27미터, 35미터, 52미터 등 여러 종류가 있고, 끝에 달린 바구니에 진압 대원이 타고 올라가 물을 쏠 수 있어요.

고가사다리차

건물의 5～15층 사이에 불이 났을 때 필요한 사다리가 달린 차예요. 굴절사다리차보다 더 높이 올라갈 수 있지요.

물탱크차

펌프차나 사다리차에게 불을 끄는 데 필요한 물을 공급해 주는 차예요. 하지만 건물과 거리에 소화전이 많이 생기면서 사라져 가고 있지요.

통합지휘차

모든 소방대를 이끄는 차예요. 교통이 혼잡할 때는 길을 열어 주기도 하고, 사고 현장에 가장 먼저 도착해서 소방차나 소방대원을 지휘하지요.

화학차

기름이나 화학 약품에 불이 났을 때는 물을 뿌려도 소용이 없거나 오히려 위험한 경우가 있어요. 이 때 필요한 것이 불을 끄는 분말 소화약제가 가득 실린 화학차지요.

소방정

배 위 또는 바닷가에 불이 나거나 사고가 났을 때 소방정이 출동하지요. 소방정에는 구조 활동을 위한 장비가 갖춰져 있어요.

인명을 구하는 구조 장비와 구급 장비

교통사고가 나거나 홍수, 태풍, 산사태 등 재난이 일어났을 때는 최대한 빨리 사람을 구해야 하는 위급 상황이 벌어지기도 해요. 이런 상황에서는 무거운 차를 들어올려야 하거나 두꺼운 쇠문에 갇히는 등 구조 대원의 혼자 힘으로는 쉽게 구할 수 없을 때가 많지요. 그럴 때 필요한 장비들이 있어요. 사람들을 구하고 신속하게 병원으로 옮기는 구조, 구급 장비들을 살펴볼까요?

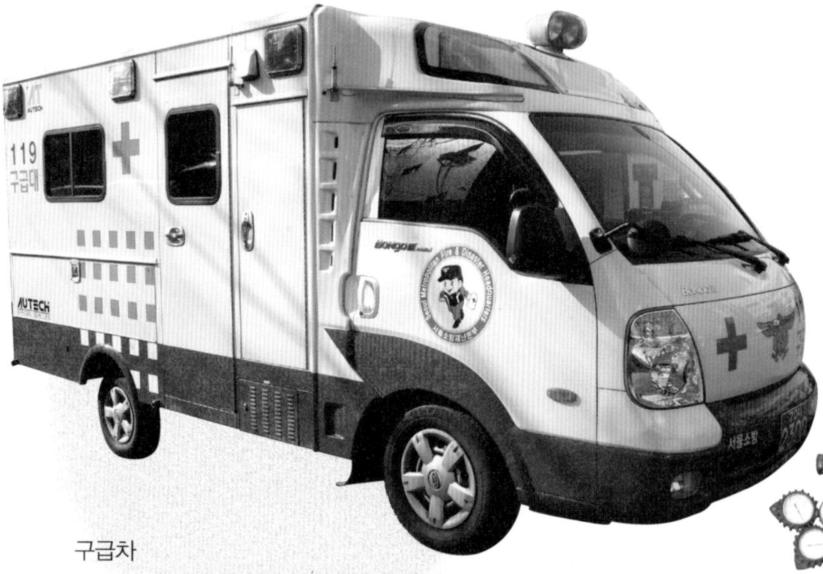

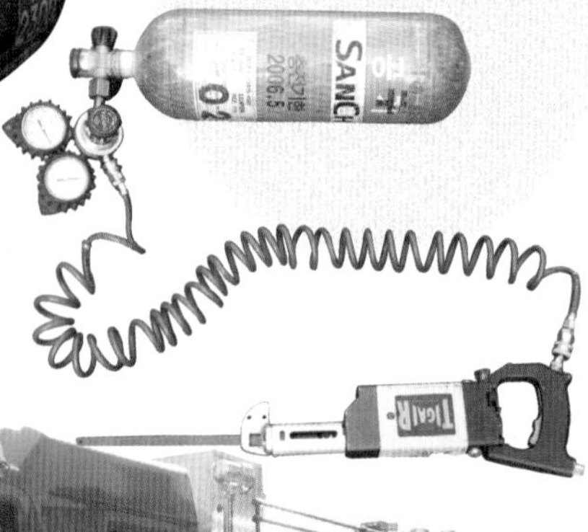

공기톱
철이나 나무 등 장애물을 자르는 공구예요.

구급차
환자를 응급 처치하고 병원으로 신속히 옮기는 데 쓰여요. 산소 호흡기, 응급 약품 등 응급 상황에 꼭 필요한 장비들을 갖추고 있어요. 차별로 배치된 간호사와 구조사 2명이 배치되어 환자를 옮기고 응급 처치를 맡지요.

구조차
사고 현장에서 인명을 구조하는 데 필요한 차량이에요. 무너진 건물 잔해를 들어올리거나, 찌그러진 자동차를 잘라 내는 데 쓰는 다양한 장비들이 실려 있어요. 위기에 빠진 사람들을 안전하게 구조할 수 있지요.

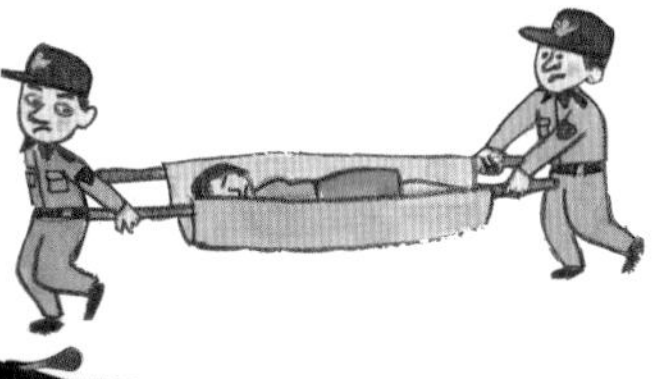

로프발사총

높은 건물에서 화재나 사고가 났을 때, 계곡에 물이 넘쳐 사람이 건너올 수 없을 때, 로프발사총을 쏘면 줄이 연결돼요. 그 줄을 이용해서 사람들을 안전하게 구조할 수 있지요.

유압절단기

사고가 난 차에 사람이 깔려 있거나 어딘가에 끼었을 때 강철이나 금속을 쉽게 잘라 주는 기계예요.

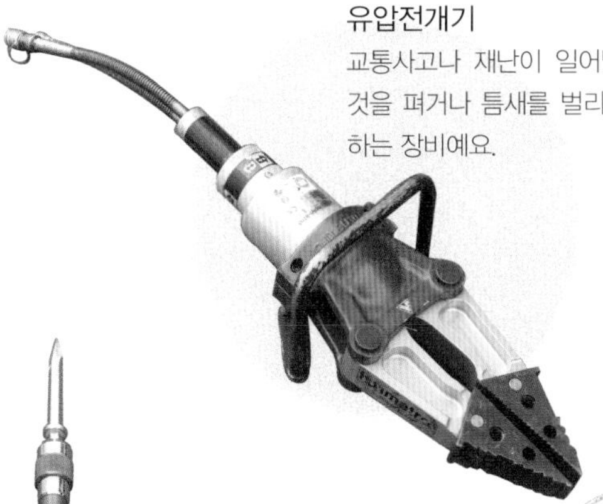

유압전개기

교통사고나 재난이 일어났을 때 찌그러진 것을 펴거나 틈새를 벌리면서 인명을 구조하는 장비예요.

동력절단기

재난 현장에서 각종 장애물을 자르거나 문을 열 때 사용해요.

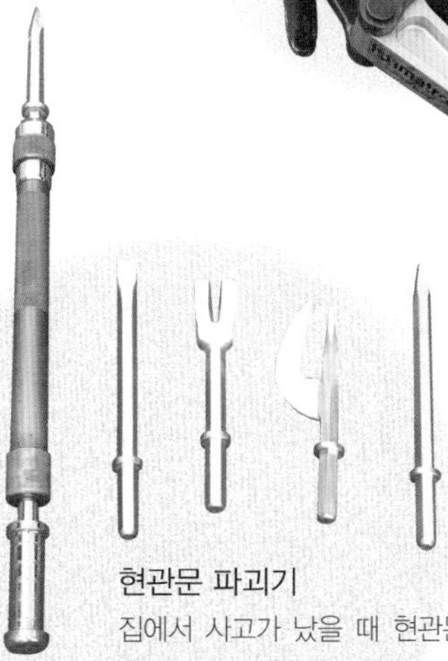

현관문 파괴기

집에서 사고가 났을 때 현관문이 잠겨 있거나, 사고가 난 차의 문이 열리지 않을 때 사용하는 장비예요.

무인 인명 구조 로봇

일본에서는 눈사태나 산사태로 인해 바닥에 파묻힌 차를 들어올려 문을 뜯어내고 사람을 구하는 힘센 구조 로봇을 개발했어요. 이 로봇은 카메라가 달려 있고 사람이 원격 조종을 하게 되어 있지요. 우리나라에서도 스스로 순찰을 돌며 화재와 침입자를 감시하는 로봇을 개발했어요. 사람이 조종하지 않아도 센서로 방향과 물체 탐지를 할 수 있는 로봇이지요.

머지 않아 로봇이 사람을 대신해서 위험한 화재와 사고 현장에 달려올 날이 올 거예요.

언제부터 소방서가 있었을까요?

소방 기구, 드므

'넓적하게 생긴 큰 독'이라는 뜻의 순 우리말로, 궁궐의 화재 예방을 위해 물을 담아 놓았던 항아리지요. 궁궐에서는 이 드므를 잘 관리했어요. 날씨가 추우면 드므에 담아 놓은 물이 얼지 않도록 저어 주고, 드므 밑에 불을 지펴 물이 얼지 않게 했지요. 지금도 경복궁 근정전과 덕수궁 중화전에 가면 드므를 볼 수 있어요.

우리나라에 소방서가 처음 생긴 때는 언제일까요? 소방서가 없던 시대에는 불이 나면 어떻게 했을까요?

우리나라에서 소방 활동은 삼국 시대부터 시작된 것으로 보여요. 《삼국사기》에 따르면 262년 신라 미추왕 때 금성 서문에 불이 나 집 1백 여 채가 불에 탔다고 전해져요. 또 596년 진평왕 때는 영흥사에 불이 나자 왕이 직접 절을 찾아 화재로 집을 잃은 사람들을 위로했다는 기록도 있어요. 신라에서는 화재가 나면 도성에서는 군사들과 백성들이 모여 불을 끄고, 지방에서는 마을 사람들이 모여 소방 활동을 펼쳤어요.

고려 시대에는 '금화 제도'라고 해서 화재를 단속하는 제도가 있었어요. 각 관아의 우두머리를 화재를 감시하는 '금화 책임자'로 임명하고, 중요한 창고에 금화 관리자를 두어 지키게 하는 제도였어요. 수시로 어사대*가 다니면서 관리자가 자리를 비우지 않는지 감시했어요. 또한 실수로 불을 낸 사람은 볼기를 치고, 일부러 불을 낸 사람은 징역 3년이라는 무거운 벌을 주었어요. 이렇게 고려 시대에 화재 단속에 철저했던 것은 당시 도읍지였던 개경은 건물이 오밀조밀 모여 있어 한번 화재가 나면 큰 불로 번지는 경우가 많았기 때문이지요. 또한 왜구가 쳐들어와 불을 지르고 약탈을 일삼아 궁이나 창고에 대형 화재가 많았다는 기록이 있어요.

조선 시대에는 비로소 소방 조직이 탄생해요. 세종 대왕 때에 금화도감을 설치하고 금화군을 두어 화재를 예방했어요. 금화도감과 금화군이 지금의 소방서와 소방대원인 셈이지요. 조선 시대에는 금화 법령이 있었어요. 이 법령에는 순찰에 관한 제도와 불을 낸 사람에 대한 처벌, 불을 지른 사람을 잡은 자에게 내리는 포상에 대해 자세히 정해 놓았어요.

소방이라는 말이 처음 생겨난 것은 1800년대 말 외국 문물이 들어오면서부터예요. 1894년 일본은 갑오개혁*때 우리나라의 전통 경찰서인 포도청을 없애고 경무청을 설치했어요. 이 때 경무청의 일하는 규칙 중 '소방'이라는 용어가 처음 등장하게 돼요. 이 때부터 소방 장비를 갖추고 훈련을 실시했으며, 소화전을 설치했어요. 일제 통치하의 소방 기본 조직은 '소방조'였어요. 처음으로 전문적인 소방 능력을 갖추고 화재 예방 활동과 진압 활동을 하는 기구였지요.

1925년 4월 1일 우리나라 최초의 소방서인 경성소방서가 세워지고, 이어 각 도시에 소방서가 생겨났어요.

*어사대 : 고려 시대에 정치의 잘잘못을 논의하고, 관리들이 하는 일을 감시했던 관청이에요.
*갑오개혁 : 1894년 7월부터 1896년 2월까지 있었던 개혁 운동을 말해요. 나라의 여러 제도가 바뀌었지요.

여기서 잠깐!

소방의 상징, 해치를 알아보아요!

해치는 물속에 사는 상상의 동물로, 좋고 나쁨을 판단할 줄 아는 불가사의한 힘을 지니고 있다고 믿었어요. 그래서 옛 사람들은 해치가 악한 사람을 뿔로 받아 응징한다고 생각했어요. 이런 해치가 불을 막는 동물로 알려지게 되지요. 흥선 대원군이 경복궁을 다시 지을 때 궁이 완성되는 동안 몇 차례 불이 나자 광화문 앞 좌우에 해치상 한 쌍을 세워 불을 진압하게 한 데서 유래했어요.

실전 훈련 속으로!

이제부터 실제로 화재 현장에서는 어떻게 해야 하는지 살펴볼 거예요. 물론 그 전에 화재 예방법에 대해 알아야겠지요. 그리고 화재가 났을 때 어떻게 대처해야 하는지, 안전하게 대피하는 방법을 함께 알아봐요.

거실(전기 화재)

❶ 가전 제품은 'KS'나 '전' 표시가 있는 것을 확인해야 하고, 사용 전에 사용 설명서와 취급 요령을 읽어 보고 올바르게 사용해요.

❷ 한 개의 콘센트에 여러 개의 전기 기구를 꽂아 사용하면 안 돼요. 또 전기 기구를 사용하지 않을 때는 스위치를 끄고 플러그를 뽑아둬야 해요.

❸ 텔레비전 위에는 물이 든 주전자, 물컵, 화분, 꽃병 또는 금속핀 등을 올려놓지 않도록 하고 덮개를 열어서 수시로 먼지를 제거하는 것이 중요해요.

하나, 화재를 미리 미리 예방해요!

일상생활에서 불이 날 만한 것을 미리 점검해 둔다면 수많은 화재를 막을 수 있을 거예요. 우리 가정에 불씨는 어디에 숨어 있을까요? 집 안에서 날 수 있는 화재는 크게 전기 화재, 가스 화재, 기름 화재, 담뱃불 화재, 불장난 화재로 나눌 수 있어요. 자, 그럼 집 안에서 화재 위험이 있는 곳을 자세히 살펴보아요.

방(불장난 화재)

❹ 재미있다면서 성냥이나 라이터로 불장난을 하면 안 돼요.

부엌(가스 화재)

❺ 사용하기 전에 가스가 새는지 확인한 뒤 불을 붙여요. 냄새를 맡아 보면 알 수 있어요.

❻ 가스 용기는 집 밖에 통풍이 잘되고 직사광선이 닿지 않는 안전한 곳에 두어야 해요. 정기적으로 비눗물로 가스가 새는지 검사해요.

❼ 냄비가 끓어 음식물이 넘치면 가스가 켜진 상태에서 불이 꺼지지요. 가스가 많이 새면 작은 불꽃에도 폭발해 버려요.

❽ 열려 있는 창문으로 펄럭이는 커튼, 널어놓은 행주 등 가스 불에 탈 수 있는 것은 가스레인지 주변에서 치워 두어요.

거실(유류 화재)

❾ 석유 난로는 불씨를 완전히 끈 뒤 기름을 넣어요. 그리고 난로를 켜 놓은 채 집을 비우지 않아야 해요. 난로 부근에는 이불, 커튼, 화학 제품 등 불에 타기 쉬운 물건을 두지 말아요.

마당(담뱃불 화재)

❿ 담배 꽁초는 반드시 재떨이에 꺼서 버려요. 쓰레기 더미에 꽁초를 버리면 안 돼요.

둘, 불이 났을 때는 이렇게 해요

11월 9일은 소방의 날!

일제 강점기에는 매년 12월 1일을 '방화일'로 정하고 불조심 행사를 했어요. 그리고 1948년, 정부가 수립된 뒤에는 불조심 강조 기간이 정해졌어요. 이 기간이 시작되는 11월 1일에는 지역에서 '소방의 날'이라고 하여 유공자 표창, 거리 행진, 불조심 캠페인 등 다채로운 기념 행사를 열었어요.
1963년까지 전국적으로 '소방의 날' 행사를 해 오다가 1991년, 소방법을 개정하면서 119를 상징하는 11월 9일을 소방의 날로 정했답니다.

불이 나면 누구든지 당황하고 무서워지기 마련이지요. 그래서 때로는 정신을 못 차리고 우왕좌왕하기 일쑤예요. 연기에 질식되거나 높은 데서 뛰어내려 귀중한 목숨을 잃기도 하고요.

혼자 불을 끄려고 노력하다 불길이 점점 거세져 미처 피난하지 못하는 경우도 있어요. 따라서 불이 났을 때 적절한 행동 요령을 잘 알아 두어야 해요. 피해를 최소화하기 위해서는 빠른 판단력과 대처가 중요하거든요.

자, 그럼 불이 났을 때 어떻게 행동해야 하는지 상황별 대처 방법을 알아볼까요?

화재, 이럴 땐 이렇게

주변에 알려야 해요

불이 났을 때 가장 먼저 해야 할 일은 빨리 주변 사람들에게 알리는 것이에요. 크게 "불이야!"라고 외치면서 소리나는 물건을 두드려요. 그리고 가까이 있는 화재 경보기를 눌러요. 뚜껑을 깨고, 빨간색 단추를 누르면 되지요.

침착하게 119에 신고해요

전화를 할 수 있는 상황이라면 119에 전화를 해서 화재를 신고해요. 이 때 당황하지 말고 불이 난 곳의 정확한 주소나 찾기 쉬운 주변 건물을 알려 주어 소방차가 신속하게 도착할 수 있도록 해요.

갑자기 문을 열면 안 돼요

"불이야!" 하는 소리를 듣고 움직일 때, 문의 손잡이나 문이 뜨거운지 확인을 해요. 뜨거울 때 문을 열면 밖의 불이 순식간에 들어와 더욱 위험하지요. 문이 뜨거울 때는 문을 열지 말고 창문을 통해 밖으로 나갈 수 있는지 확인해 봐요.

불이 났을 때는 어떻게 해야 할까요?

불이 났을 때 취해야 하는 행동으로 바람직한 행동에는 ㅇ표,
그렇지 못한 행동에는 X표를 해 보세요.

(　　) (　　) (　　) (　　) (　　)

☞정답은 56쪽에

수건으로 코와 입을 막고 낮게 엎드려서 피해요

대피할 때 가스가 코나 입으로 들어오는 것을 막아야 해요. 일단 젖은 수건으로 코와 입을 막아요. 유독 가스는 가벼워서 위에서부터 아래로 채워지기 때문에 몸을 숙이고 기는 자세로 피하는 것이 좋아요.

높은 데서 무작정 뛰어내리면 안 돼요

불이 났다고 높은 곳에서 뛰어 내리려고 하면 오히려 더 크게 다칠 수 있어요. 창문을 열고 손수건이나 옷가지를 흔들어서 안에 사람이 있다는 것을 알려 주는 것이 필요해요. 그런 다음 구조대가 도착할 때까지 침착하게 기다려요.

엘리베이터 이용은 위험해요

빨리 빠져 나가려고 엘리베이터를 타면 안 돼요. 불이 나면 정전이 될 경우가 많은데 이럴 때 엘리베이터에 타고 있으면 갇히게 되지요. 비상 계단을 이용해서 건물 밖으로 빠져 나가요.

셋, 안전한 대피와 진압을 도와주는 소방 설비

우리 주변에는 불이 났을 때 사람들에게 알리고 신속하게 피할 수 있도록 도와주며, 초기에 화재를 진압할 수 있는 소방 설비들이 설치되어 있어요. 소화전이나 소화기처럼 불을 끌 수 있는 '소화 설비', 불이 난 것을 알려 주는 '경보 설비', 안전하게 대피할 수 있게 돕는 '

❶ 완강기
창문 밖으로 내려가야 할 때 몸에 밧줄을 매고 아래층으로 내려갈 수 있도록 돕는 도르래 모양의 비상용 기구예요.

❷ 열 감지기
공기가 갑자기 뜨거워지면 자동으로 사이렌을 울려 화재를 알리는 역할을 하지요.

❸ 스프링클러
화재를 감지하면 자동으로 물을 뿌려 화재를 진압하는 소화 설비예요.

❹ 연기 감지기
연기가 나면 자동으로 소리가 울려요. 연기 감지기는 아파트 천장이나 공공 건물, 상점, 극장 같은 곳에 대부분 설치되어 있답니다.

❺ 소화전
불을 처음 발견했을 때 건물에 있는 관리자가 신속하게 화재를 진압할 수 있도록 건물 안과 밖에 설치한 소화 설비예요. 평소에는 함부로 열어서는 안 되지요.

❻ 소화기
화재는 초기에 불길을 잡아야 하는데 가장 적당한 것은 물과 소화기예요. 화재 초기에는 소화기 1대가 소방차 1대보다 더 큰 효과가 있지요.

❼ 통로 유도등
지하철이나 백화점, 아파트 등의 계단을 보면 몇 미터 간격으로 초록색 형광등이 켜져 있어요. 긴급 상황이 발생했을 때 이 등이 지시하는 방향을 따라 가면 밖으로 나갈 수 있지요.

피난 설비', 불을 끄는 데 필요한 물을 공급하는 '소화 용수 설비' 등이지요. 무심코 지나치기 쉽지만 이런 시설들을 눈여겨보아 둔다면, 불이 나거나 비상시 안전하게 대피할 수 있어요. 우리 주변에 숨어 있는 소방 설비들을 하나씩 찾아볼까요?

소화기 사용법

불을 끄는 것은 어른들에게도 위험한 일이에요. 불이 났을 때 어린이들은 가능한 빨리 피하는 것이 좋지요. 하지만 어쩔 수 없이 어린이가 직접 소화기로 불을 꺼야 하는 경우를 대비해 소화기 사용을 알아봐요.

불이 나면 소화기를 불이 난 장소로 옮겨요. 이 때 소화기는 손바닥으로 받쳐서 쓰러지지 않게 옮겨요.

소화기를 바닥에 고정시키고 안전핀을 뽑아요. 안전핀은 다른 손으로 소화기 몸통을 잡고 잡아당기면 뽑히는데, 손잡이를 쥐고 있는 상태에서는 뽑히지 않아요.

소화기 호스 끝의 노즐을 잡고 불이 난 곳을 향하게 해요. 실내라면 상관없지만 바람이 부는 실외에서는 바람을 등지고 있어야 해요.

손잡이를 움켜쥐고 불이 난 부분을 비로 쓸 듯이 골고루 뿌려요. 연기가 나는 공중에 뿌리거나 한 곳에 치우치면 불이 잘 꺼지지 않아요.

생생 소방서 체험 일기

나도 소방관이 되어 볼까?

오늘 친구들과 소방서 견학을 다녀왔다. 처음 소방서에 들어섰을 때는 왠지 긴장되기도 했지만 안내해 주시는 친절한 소방관 아저씨 덕분에 편하고 즐거운 체험 활동을 할 수 있었다.

우리는 먼저 3층에 있는 안전 교실에서 화재와 안전 사고에 대한 이야기를 들었다. 그중 중국집 천장에서 떨어진 쥐가 불이 붙은 채 옆집으로 도망가서 옆집에까지 불이 났다는 얘기는 황당하면서도 우스웠다. 또 문이 잠기거나 손을 베어서 119를 부르는 사람들이 있는가 하면 소방차가 지나가도 길을 잘 비켜 주지 않아 힘들 때도 있었다는 이야기를 들었다. 어떻게 그럴 수 있는지 이해가 되지 않았다. 그래서 "난 꼭 그러지 말아야지." 하고 다짐했다.

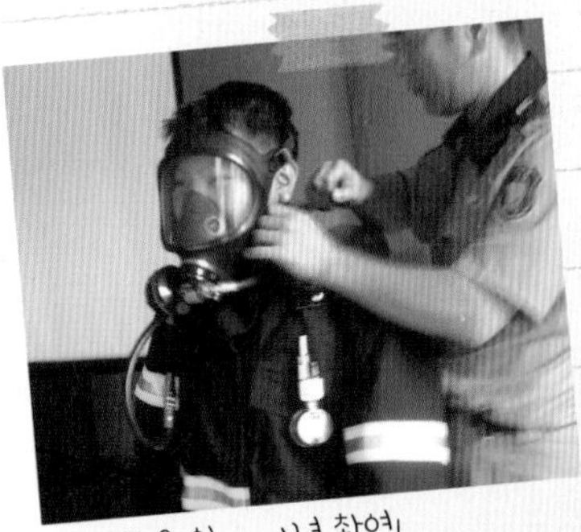

방화복을 입고 기념 촬영!

영차! 방수 훈련 중.

우리는 방화복을 입어 보고 방수 훈련도 했다. 방화복은 좀 답답하고 무거웠지만 왠지 뿌듯한 마음에 손으로 'V'자를 그리며 사진도 찍었다. 유일한 남자였던 영민이는 산소통을 메고 마스크까지 썼는데 숨 쉬는 소리가 거칠게 들렸다. 방화복을 벗은 영민이의 등이 흠뻑 젖어 있었다. 이렇게 무거운 옷을 입고 불을 끄는 소방관 아저씨들께 새삼 고마운 마음이 들었다.

방수 훈련은 소방차가 대기하고 있는 넓은 마당에서 했다. 소방 호스가 무거워서 물을 틀었을 때는 중심을 잡기도 힘들었다. 하지만 시원하게 뿜어져 나오는 물줄기를 보며 모두가 환호성을 지르면서 박수를 쳤다.

즐거운 체험을 마치고 소방서 문을 걸어 나올 때쯤 영민이는 소방관 아저씨께서 나눠 주신 선물을 만지작거리며 "나도 소방관이 되어 볼까?"하고 혼자 중얼거렸다.

언제나 자신보다 시민들의 안전을 위해 애쓰시는 소방관 아저씨!

'시민들이 마음 놓고 편안하게 생활할 수 있도록 소방서에서 할 수 있는 일이 없을까?'를 늘 고민하신다는 소방관 아저씨의 말씀이 아직도 귓가에 쟁쟁하다.

오늘 한 소방서 견학은 내게 정말 뜻 깊고 흥미로운 체험이었다.

힘차게, 방수 훈련을 해 보아요

방수 훈련 사진을 붙여 보아요.

먼저 소방 호스를 길게 풀어 수도에 연결해요. 그리고 소방 호스 끝에 연결된 노즐 부분을 두 손으로 받쳐 들지요. 다음 노즐을 단단히 잡고 오른쪽으로 열어 물줄기의 세기를 조절해요.
소방 호스와 노즐의 무게가 무겁고 물의 압력이 세서 물줄기의 방향을 조절하는 것이 어려우니 소방관 아저씨의 도움을 받아야 해요.

사회의 안녕과 질서를 지키는 경찰서

경찰서는 여러 범죄와 사건·사고로부터 국민의 생명과 재산을 보호하고 사회의 질서를 유지하는 일을 맡고 있어요.

만약 경찰서가 없다면 어떻게 될까요? 아무도 간섭하는 사람이 없어 다른 사람의 물건을 쉽게 훔치게 될 거예요. 그리고 힘 센 사람이 약한 사람을 때려도 아무도 막지 않을 거고요. 길을 잃은 어린아이는 누구에게 가야 집을 찾을 수 있는지 모를 거예요. 교통 질서도 엉망이 되겠지요. 이렇게 우리나라 곳곳에서 경찰이 하는 일은 참 다양하고도 중요하답니다.

그럼 이제부터 경찰서를 둘러보고 경찰관들이 하는 일을 자세히 알아보아요.

자, 경찰서로 출동~!

112
POLICE

경찰서에서는 이런 일을 해요!

동네에서 작은 건물의 경찰서를 본 적이 있을 거예요. 이것은 대부분 지구대예요. 각 광역시와 도에는 지방 경찰청이 있는데 이곳에서 지역의 여러 경찰서를 관할하고 있지요. 경찰서 밑에는 지구대가 있어요. 각 동마다 있는 지구대는 주로 주민과 관련된 일을 담당하지요. 싸움이 났

지구대, 생활안전과

국민의 어려움을 해결해 줘요

질서를 유지하고 범죄를 예방하며, 사람들이 잃어버린 물건을 찾아 주거나 안전 사고를 예방하는 일을 해요.

수사과

죄를 지은 사람들을 체포해요

사람이 다치거나 죽는 무서운 사건이 일어났을 때 사건을 수사해 범인을 잡아요. 최근에는 인터넷에서 이루어지는 사이버 범죄까지 수사하고 있답니다.

경비과

행사나 비상시 질서를 유지해요

다른 나라의 대통령 등 외국에서 귀한 손님이 오면 행사장까지 안전하게 경호해요. 그 외에도 여러 행사의 질서 유지와 비상 훈련을 하지요.

을 때 신고를 받고 출동하는 순찰차는 바로 지구대에서 나와요. 지구대보다 작은 곳은 파출소라고 하고, 낮에만 민원을 접수하는 치안 센터도 있어요. 경찰서의 다양한 업무를 살펴보아요.

교통 질서를 유지해요

복잡한 도로에서 차들이 서로 뒤엉키지 않도록 교통 정리를 해요. 또 교통 법규를 어기는 사람들을 단속하고 교통사고가 나면 재빨리 출동해 원인을 조사하고 교통 안전 지도를 하지요.

나라의 중요한 정보를 모아요

우리 주변에 사회를 혼란에 빠뜨리려고 하는 사람이 있나 살피고, 불법 선전물을 수거하고 외국인 범죄를 단속하는 등 나라의 안전을 위한 업무를 맡고 있어요.

국제 범죄를 수사해요

외국인이 연관된 범죄의 예방과 수사를 하고, 국제형사경찰기구(인터폴)에서 범인을 잡기 위해 요청하면 수사를 적극 돕기도 해요.

경찰관을 만나요!

'경찰' 하면 가장 먼저 무엇이 떠오르나요? 사이렌을 울리며 달려가는 기동대, 격투 끝에 범인을 잡는 형사, 출퇴근 시간 거리 한복판에서 수신호로 교통의 흐름이 잘 이루어지도록 하는 교통 경찰……. 사회 구석구석을 보살피고 지켜야 하는 경찰의 임무는 여러 가지가 있어요. 경찰은 보통 경찰서에서 하는 일에 따라 생활 안전 경찰, 경비 경찰, 형사, 교통 경찰, 외사 경찰, 정보 경찰 등으로 나뉘지요.

이런 경찰 외에도 특별한 임무를 하는 경찰이 있어요. 올림픽이나 월드컵처럼 국제 대회가 있을 때 테러를 막고 중요한 인물의 경호를 하는 경찰특공대도 있고요. 최근에는 사이버 공간에서 일어나는 범죄를 수사하는 사이버 범죄 수사 요원도 생겼어요. 그 밖에 경찰 헬기를 조

사이버 범죄를 막아요!

인터넷 상에서 이루어지는 범죄의 종류는 점점 다양해지고 있어요. 사이버 범죄에는 다른 사람의 컴퓨터에 몰래 들어가 정보를 빼내거나 프로그램을 망치는 '사이버 테러형 범죄'가 있고, 불법 사이트를 운영하거나, 사이트에서 거짓으로 물건을 파는 사기, 주민등록번호와 같은 중요한 정보를 다른 사람에게 빼돌리는 등의 '일반형 범죄'가 있어요.

경찰의 다양한 복장

경찰관들은 임무에 따라 여러 가지 다른 옷을 입어요.

정복
경찰관들이 공식적인 행사가 있을 때 입는 옷이에요.

진압복
시위를 막을 때 다치지 않게 몸을 보호해 주는 옷이지요.

현장 감식복
화재나 살인 사건 현장에서 증거물을 찾아내는 감식 요원이 입는 옷이에요.

교통 경찰복
야광 조끼가 달려 있어요. 어두운 밤에 위험한 도로에서 근무하는 교통 경찰을 보호해 주는 옷이에요.

경찰특공대복
경찰특공대가 현장에서 입는 옷이에요. 테러범과의 총격전을 대비한 옷이지요.

종하거나 정비하는 항공 요원, 범죄를 분석해 범인을 잡는 전문가, **탐지견**을 다루는 요원, 폭발물을 처리하는 요원 등도 특별한 임무를 수행하는 경찰관이에요.

경찰의 상징

경찰의 상징은 경찰이 세워진 지 60주년을 맞아 만들었어요. 우리 고유의 독수리인 참수리가 무궁화를 잡고 하늘 높이 날아오르는 모습이에요. 참수리는 경찰을, 참수리 목 부분의 저울은 '공평'을 뜻해요. 무궁화는 국가와 국민을 상징하지요.

경찰관이 되려면 어떻게 해야 하나요?

경찰관이 미래의 꿈인 친구들이 많을 거예요. 경찰관이 되는 방법에는 여러 가지가 있어요. 먼저 순경 시험이나 간부 후보생 시험을 보아 합격하면 경찰관이 될 수 있지요. 또 경찰 대학을 졸업하거나 사법 시험에 합격하면 특별 채용될 수 있어요.

경찰관이 되기 위해서는 경찰과 수사, 법에 대해 공부해 시험을 봐야 해요. 외국인 범죄자를 수사하는 외사과를 지망하려면 외국어 능력은 필수지요. 그리고 수사를 하고 범죄자를 잡으려면 강한 체력이 필요하기 때문에 제자리멀리뛰기, 윗몸일으키기, 100미터달리기 3개 종목으로 체력을 검사하고 있어요. 하지만 경찰관이 되려면 무엇보다 봉사 정신과 정의감을 갖추어야겠지요.

탐지견
냄새를 맡아 숨겨 놓은 물건을 찾아내는 개예요. 마약과 같은 불법 물건을 찾아내지요.

여기서 잠깐! 경찰 캐릭터의 이름은 무엇일까요?

우리는 경찰을 대표하는 캐릭터예요. 우리의 이름은 앞 글자가 같아요. 그 글자는 경찰을 뜻하는 영어 단어인 폴리스(Police)의 앞 음절 '포', 조선 시대 포도청의 앞글자 '포', 국민을 감싸안는 포용의 '포', 청렴과 공정을 대표하는 중국 포청천의 '포'를 의미해요. 우리의 이름은 무엇일까요?

(　　　　　) 와 (　　　　　)

☞정답은 56쪽에

작은걸음 큰생각

우리나라 경찰의 역사

포도대장(왼쪽)과 포도 군관(오른쪽)이 입던 옷이에요. 포도대장은 조선 시대 경찰 기관인 포도청의 책임자이고 포도 군관은 임무를 수행하는 사람이에요.

우리나라 경찰은 언제부터 있었을까요? 조선 시대 이전에는 독립적인 경찰 기관은 없었어요. 조직을 만들어 경찰 임무를 중앙 정부에서 수행하는 정도였지요.

조선 시대의 포도청은 우리나라 최초의 전문적인 경찰 기관이에요. 포도청은 한성부*와 경기도의 치안을 맡았는데, 지금의 서울과 경기도의 지방 경찰청에 해당돼요. 조선 시대 포도청은 좌·우로 나뉘어 있었고, 각 포도청은 이백여 명 정도의 인원으로 꾸려져 있었어요. 좌·우 포도청은 각기 여덟 패로 나누어서 담당 구역을 순찰하였지요.

포도청에는 한 명의 포도대장과 세 명의 종사관이 있어요. 포도대장은 포도청의 총 책임자예요. 종사관은 각 기구에서 일어난 일을 기록하고 전했으며 포도대장을 도왔어요. 조선 시대에는 지방에 경찰청·경찰서가 따로 없었기 때문에

조선 시대 경찰 장비를 살펴 보아요

육모방망이
포졸들이 범인을 잡는 데 썼던 방망이예요. 예부터 6을 행운의 수로 여겨 포졸들의 방망이도 육각이지요.

딱딱이
1900년대에는 밤에 도난이나 방화를 예방하기 위해 딱딱이로 소리를 내면서 순찰을 했어요.

오랏줄
죄인들을 묶을 때 사용하던 것으로 질긴 실을 여러 겹 꼬아 만들어서 쉽게 끊어지지 않아요.

지방관인 관찰사, 지방수령 등이 나랏일을 하는 동시에 경찰의 역할도 함께 했지요.

우리나라에서 '경찰'이라는 이름이 처음 등장한 것은 1894년 갑오개혁 이후였어요. 갑오개혁 때 우리나라보다 문물이 앞섰던 서구를 본떠 여러 제도를 서양식으로 바꾸었지요. 이때 조선 시대의 포도청이 경무청으로 바뀌면서 포졸은 경찰이라고 불리게 된 것이지요.

맡은 일도 조선 시대보다 훨씬 많아서 경찰·감옥에 관한 일 외에도 출판물의 판매 허가, 인구수 조사, 전염병 예방, 분뇨 수거, 광견 단속 등 오늘날 보건소에서 하는 일도 같이 했어요.

1910년 일본은 이러한 경무청을 없애고 조선총독부 경무국을 만들어 우리 민족을 탄압하였지요. 그 뒤 우리나라가 독립하고, 1948년 대한 민국 정부가 수립된 다음에는 국립 경찰서가 세워졌답니다.

조선 후기 경무청에 있던 하급 관리, 총순의 겨울 복장이에요.

*한성부 : 조선 시대 서울을 관할하는 관청의 이름이에요.

지휘도
포도청의 최고 지휘관인 포도대장이 가지고 다니던 칼이에요.

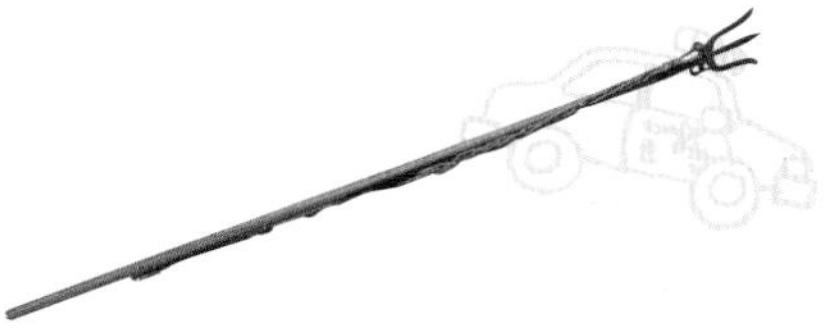
삼지창
포졸들이 쓰던 삼지창은 끝이 세 갈래이고 길이는 2미터 30센티미터 정도 돼요. 당파창이라고도 해요.

경찰 장비가 궁금해요

다급한 일이 생겼을 때 경찰관이 빠르게 사건을 해결하기 위해서는 여러 가지 장비가 필요해요. 경찰 장비는 경찰관들이 지니고 다니는 기본적인 개인 장구가 있고 맡은 임무에 따라 경비 장구, 수사 장비, 기동 장비, 방범 장비, 통신 장비, 교통 장비가 있어요. 여러 장비 중에서도 대표적인 것들의 쓰임새를 살펴보아요.

경비 장구

방패
시위를 막을 때 사용하는 방패예요.

휴대용 금속 탐지기
위험물이 없는지 탐지하는 기구예요.

방석모
시위를 진입할 때 머리를 보호하기 위해 쓰는 헬멧이에요.

지문이란 손가락 끝의 무늬를 말하는데, 이 무늬는 평생 변하지 않고 모든 사람들이 각각 다르기 때문에 이것으로 범인을 확인할 수 있지.

수사 장비

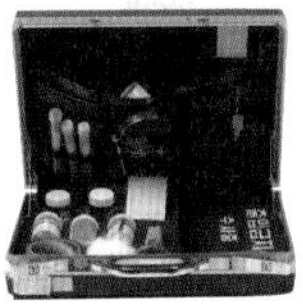

현장 종합 감식 세트
범죄 현장에서 지문이나 여러 증거물을 모으기 위한 도구들이에요.

지문 확대경
지문의 모양을 정확하게 판단하기 위해 쓰는 확대경이에요.

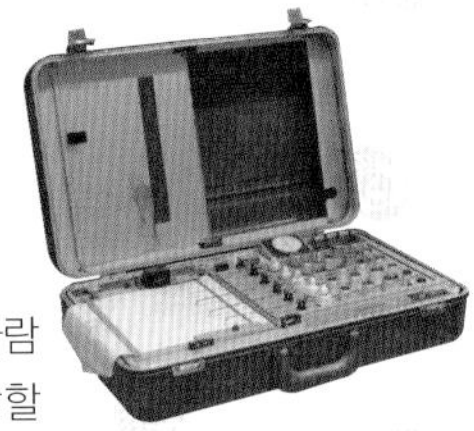

거짓말 탐지기
범인이라고 생각되는 사람의 진술이 맞는지 판단할 수 있는 기구예요.

기동 장비

순찰차
순찰용 차예요.

교통용 모터사이클
교통 지도와 경호를 할 때 쓰이는 2인승 모터사이클이에요.

여기서 **잠깐!**

알맞은 장비를 연결해 보세요.

다음은 경찰관이 가지고 다니는 개인 장비예요. 사진과 이름을 맞게 줄을 연결해 보세요.

수갑 경찰봉 권총 호신용 조끼

☞정답은 56쪽에

방범 장비

차량 컴퓨터 단말기
자료를 조회하거나 차량 위치를 추적할 수 있는 기계예요.

가스 분사기
범인을 잡을 때 매운 가스를 뿜는 기구예요.

통신 장비

무전기
비상시에 서로 연락할 수 있는 기계예요.

차량용 무전기
순찰차에 달려 있는 무전기예요.

교통 장비

속도 측정기
'스피드건'이라고도 부르는 기계로, 차가 달리는 속도를 측정해요.

음주 측정기
불면 몸 안에 있는 알콜량을 측정할 수 있는 기계예요.

교통 신호봉
밤에 보일 수 있도록 불이 들어오는 신호봉이에요.

여기는 상황실, 경찰차를 불러요

어떻게 경찰은 사건 · 사고가 일어났을 때 빠르게 현장에 출동할 수 있는 걸까요? 그 비밀은 바로 경찰서 상황실에 있답니다. 자, 그러면 상황실에 가 볼까요?

상황실은 말 그대로 사고가 일어났을 때 현장의 상황을 살펴보기 위한 자료와 설비를 갖추어 놓은 특별한 곳이에요. 곳곳에서 일어난 사고와 그 사고에 필요한 도움을 훤히 알 수 있기 때문에 신속하게 해결을 할 수 있지요.

이곳에 들어서면 경찰서 여러 부서의 상황과 맡고 있는 지역의 도로 교통 상황 등을 한눈에 알 수 있는 종합상황판이 가장 먼저 눈에 들어와요.

경찰서 상황실

한눈에 알아볼 수 있는 종합상황판

상황실에서는 어떻게 도로 교통 상황을 한눈에 알 수 있을까요? 그건 바로 각 도로에 설치된 CCTV 덕분이에요. 카메라에 찍힌 영상이 경찰서 상황실의 종합상황판을 통해 보이게 되는 것이지요. 이 종합상황판을 보고 어떤 곳이 교통이 혼잡한지, 어디에서 교통 사고가 났는지 실시간으로 볼 수 있지요. 고속도로 한복판에 사고가 나도 경찰이 바로 출동할 수 있는 것은 종합상황판을 보면 금방 알 수 있기 때문이에요.

112 신고 센터

경찰서마다 있는 112 신고 센터는 접수대, 지령대, 종결대로 나뉘어 있어요. 접수대는 신고자의 위치를 자동으로 확인해서 신고 내용을 컴퓨터에 입력하지요. 지령대는 신고 내용을 가까이에 있는 순찰차에 알려 출동을 지시해요. 종결대는 마지막으로 출동한 경찰관이 사건을 처리한 결과를 입력하지요.

112 신고 센터

지시를 내려 주는 지령실

지령실에서는 여러 지역을 돌고 있는 순찰차의 위치를 알려 주어요. 또 사건이 발생하면 사건 장소에서 가장 가까운 순찰차에 연락을 취해 빠른 시간 안에 사건 현장에 도착할 수 있도록 지시를 하지요. 이럴 때 걸리는 시간은 최대 3분 정도예요. 이를 위해 지령실의 담당자들은 긴장을 늦추지 않고 있답니다.

CCTV
특정 수신자를 대상으로 신호를 전송하는 텔레비전을 말해요. 원하는 곳을 감시하기 위해 설치하지요.

그런데 지령실 컴퓨터의 모니터를 보면 순찰차의 색깔이 파란색, 초록색, 검정색으로 다르게 나타나는 것을 볼 수 있어요. 무슨 뜻일까요? 운행 중인 순찰차는 파란색이고, 잠깐 멈추어 있는 순찰차는 초록색, 정지해 있는 순찰차는 검정색이랍니다. 이렇게 색깔을 다르게 표시하는 이유는 어떤 순찰차가 바로 출동할 수 있는지 알아보고 지령을 내려 출동 시간을 줄이기 위해서예요.

실전 훈련 속으로!

안전한 생활을 위해서는 사건과 사고를 예방하고 대비하는 것이 필요해요. 도로에서 안전하게 다니는 법과 표지판을 알아 두고 납치와 성폭행 등 범죄에 대처하는 방법을 알아봐요.

생활 속 질서 지키기, 교통 안전

큰 길

여러분이 집을 나서는 것과 동시에 교통 생활이 시작돼요. 길을 나서면 보이는 큰 길에는 크게 보행자가 다니는 인도, 차가 다니는 차도가 있어요. 차도에는 차가 다니는 방향을 나누어 놓은 중앙선, 보행자가 차도를 건널 수 있도록 흰색 선으로 표시된 횡단보도가 있지요. 차들은 주차장이나 골목길 등으로 들어갈 때만 인도를 갈 수 있어요.

그렇다면 인도가 없는 길에서는 어떻게 걸어야 할까요? 인도가 없는 곳에서는 길 가장자리로 걸어야 해요. 길의 오른쪽보다는 왼쪽 가장자리로 차를 마주보며 걷는 것이 좋아요. 오른쪽으로 다니면 등 뒤로 다가오는 차를 볼 수 없어 위험하기 때문이에요.

인도가 없는 길

보행자 교통 사고의 사망자 중 54퍼센트가 도로를 건너다 일어난 사고예요. 그만큼 도로를 건널 때는 위험하니 주의해야 해요. 그럼 사고를 막기 위해 평소에 어떤 습관을 가져야 할까요?

일단 횡단보도가 나오면 멈추고, 차가 오는지 좌우를 살펴야 해요. **횡단 시설**이 없을 때는 멀리 있는 차도 잘 볼 수 있는 곳에 서 있어야 해요. 차가 주차되어 있거나 전봇대, 간판 등에 가려 잘 볼 수 없는 곳은 피해요.

횡단 시설
횡단 시설이란 지하도, 육교, 신호가 있는 횡단보도처럼 차도를 건너갈 수 있는 시설을 말해요.

모퉁이를 도는 차 근처

자동차는 모퉁이를 돌 때 앞바퀴보다 뒷바퀴가 안쪽으로 지나가게 돼요. 차로의 횡단보도나 모퉁이에서 차도에 내려서 있거나 모퉁이에 서 있다가 자동차의 뒷바퀴에 치이는 사고를 당할 수 있으니 차가 모퉁이를 돌 때는 멀리 떨어져 있어야 해요.

어린이 안전 지대, 스쿨 존

스쿨 존이란 초등 학교와 유치원 등 학교 주변의 어린이 보호 구역을 말해요. 주변 300미터 이내의 도로에는 안전 시설물을 설치하고, 이곳을 지나는 자동차는 시속 30킬로미터 이하로 운행해야 하지요.

여기서 잠깐! 안전 의식을 점검해 보아요.

평소 자신의 생활을 돌아보며 '나의 안전 의식'은 어느 정도인지 진단해 봐요.
다음 글을 읽고 평소에 실천하고 있다면 ○표, 그렇지 않으면 ×표로 표시해 보세요.

1. 차가 오지 않더라도 빨간불일 때는 길을 건너지 않아요. (　　　)
2. 신호등이 초록불로 바뀌더라도 좌우를 살피고 차가 완전히 정지된 뒤에 건너요. (　　　)
3. 인라인 스케이트나 자전거 등을 탈 때는 보호 장구를 착용해요. (　　　)
4. 바퀴 달린 탈것은 운동장이나 놀이터 등 차가 다니지 않는 곳에서만 타요. (　　　)
5. 차에 타면 안전띠를 꼭 매고 다른 사람들에게도 권해요. (　　　)
6. 움직이는 차 안에서는 항상 앉아 있으며 큰 소리로 떠들지 않아요. (　　　)
7. 차에서 내릴 때에는 모터사이클이 오는지 잘 살펴서 내려요. (　　　)
8. 공사장 근처에 가까이 가거나 공사장에서 놀지 않아요. (　　　)
9. 길을 걸을 때는 위험한 것이 없는지 주위를 잘 살펴요. (　　　)
10. 지하철을 탈 때는 안전선 안에 서며 장난을 치지 않아요. (　　　)

진단 결과

- ○**표가 9개 이상** : 안전 의식 수준이 무척 훌륭해요. 계속 모범을 보여 주세요.
- ○**표가 6개~8개** : 조금 아쉽군요. 어느 정도 안전 의식을 갖추고는 있지만 조금만 더 주위를 살피고 천천히 행동하세요.
- ○**표가 4개~5개** : 안전 수칙에 대해 알고는 있지만 실천이 부족해요. 알기만 해서는 소용이 없답니다. 아는 만큼 실천해야 해요.
- ○**표가 3개 이하** : 안전에 별로 관심이 없네요. 오늘부터라도 안전 수칙을 잘 지키도록 노력하세요.

아하 그렇구나, 교통 표지판!

길을 가다 보면 여러 가지 교통 표지판을 볼 수 있을 거예요. 교통 표지판은 사람들에게 알리고자 하는 정보를 간단한 그림으로 대신한 것이랍니다. 교통 표지판은 크게 지시 표지와 규제 표지, 주의 표지, 보조 표지와 노면 표지가 있어요. 그 중 보조 표지와 노면 표지는 대부분 운전자를 위한 표시예요. 각 교통 표지판에는 어떤 것들이 있으며, 표지판을 보았을 때는 어떻게 해야 하는지 한번 알아보기로 해요.

보조 표지
운전을 할 때 안전 속도에 관한 표시나 특정 구역 등에 관해서 표시할 때 사용해요.

노면 표지
도로면 위에 운전자가 안전 운전해야 할 사항을 숫자나 기호로 표시해 둘 때 사용해요.

교통 표지판을 익혀요

지시 표지

"이렇게 다니세요."라는 뜻이에요. 파란색 바탕에 흰색으로 표시되어 있지요. 주로 횡단보도나 자전거 전용 도로, 어린이 보호 구역 등에서 볼 수 있어요.

자전거 전용 도로
자전거만 다닐 수 있는 도로

횡단보도
횡단보도이니 건너도 된다는 표시

자전거 및 보행자 겸용 도로
자전거와 보행자만 다닐 수 있는 도로

자전거 횡단도로
자전거가 건너갈 수 있다는 표시

규제 표지

"위험하니 다니지 마세요."라는 경고 표시에요. 눈에 잘 띄게 빨간 테두리로 표시했지요. 자전거 통행 금지, 보행 금지, 일시 정지 등으로 구분해요.

보행자 보행 금지
보행자는 지나갈 수 없다는 표시

자전거 통행 금지
자전거는 지나갈 수 없다는 표시

주차 금지
차를 주차할 수 없는 구역이라는 표시

정지
잠깐 멈추라는 표시

여기서 잠깐!

표지판을 보고 답하세요.

교통 표지판은 누구나 쉽게 그 뜻을 알 수 있도록 상징적인 그림을 사용한답니다. 다음 그림은 어떤 표지인지 보기에서 골라 적어 보세요.

(　　　　)

(　　　　)

(　　　　)

(　　　　)

보기

낙석 도로 주의 표지, 자전거 주의 표지, 철길 건널목 주의 표지, 강변 도로 주의 표지

→ 정답은 56쪽에

주의 표지

"위험하니까 조심하세요."라는 뜻이에요. 빨간 테두리와 노랑 바탕에 검정 표시를 했어요. 공사 중, 위험, 철길 건널목 등 주의를 해야 할 곳에 표시해요.

신호등 주의

철길 건널목 주의

위험 주의

터널 주의

공사 중 주의

어린이 보호 구역

휴대 전화 문자로 112 신고

언어 장애가 있어 전화로 신고하기 힘들 때, 강제로 차에 탔거나 갇히는 등의 전화를 할 수 없는 위험한 상황에 처했을 때 휴대 전화 문자 메시지로 112에 신고해서 경찰에게 도움을 요청할 수 있어요. 신고 방법은 "갇혀 있어요." "강제로 차에 태워서 가고 있어요." 등 신고 내용을 국번 없이 112로 보내면 되지요. 경찰이 출동할 수 있도록 가능하면 메시지 내용에 지금 있는 위치를 적어 주는 것이 좋아요.

내 몸은 내가 지킨다

요새 약한 어린이들을 납치해서 부모에게 돈을 요구하거나, 어린이들을 대상으로 한 성폭력 사건이 자주 일어나고 있어요. 이런 어린이 범죄의 피해를 입지 않기 위해서는 무엇보다 '내 몸은 내가 지킨다.'는 생각을 가지고 지혜롭게 행동해야겠지요. 가장 중요한 것은 낯선 사람은 아무리 친절한 얼굴로 같이 가자고 해도 절대 따라가서는 안 된다는 거예요. 그리고 내 몸을 만지거나 안으려고 할 때에는 단호히 "싫어요!", "안 돼요!", "하지 마세요!" 라고 말해야 해요. 그리고 안전한 곳으로 도망가야 하지요.

이럴 땐 이렇게 해요

나도 모르게 위험한 상황에 빠질 수 있어요. 여러 가지 상황에서 어떻게 대처해야 하는지 알아보고 반드시 기억해 두어요.

부모님을 안다며 같이 가자고 할 때
부모님과 아는 사이라고 하거나, 부모님이 다쳤으니 같이 가자고 해도 따라가서는 안 돼요. 대신 집에 전화를 걸어 확인하거나 믿을 만한 어른에게 도움을 요청해요.

수상한 사람이 선물을 주겠다며 차에 태우려 할 때
낯선 사람이 먹을 것을 사 주거나 선물을 주면서 함께 가자고 하면 절대로 따라가서는 안 돼요. 특히 차에 타자고 하면 "싫어요!"라고 말하고 사람들이 많은 곳으로 도망쳐요.

낯선 사람이 도움을 청하며 같이 가자고 할 때
길을 가르쳐 달라거나 도와달라며 같이 가자고 해도 "저는 도와드릴 수 없어요. 다른 어른을 모시고 올게요."라고 말하고 자리를 피해요. 아무에게나 이름이나 연락처, 주소를 알려 주면 안 돼요.

여기서 **잠깐!**

잘 읽고 답해 보세요.

어린이 범죄를 예방하기 위해서는 평소에 조심스럽게 행동해야 해요. 다음 어린이들이 한 행동 중에서 행동이 바람직한 행동에는 O표, 그렇지 못한 행동에는 ×표를 해 보세요.

(　　　) (　　　) (　　　) (　　　)

☞정답은 56쪽에

공중 화장실에 갈 때

공중 화장실은 여러 사람들이 드나드는 곳이라 나쁜 사람도 있을 수 있어요. 그러니 되도록 혼자 가지 말고 친구나 어른과 함께 가는 것이 좋아요. 혼자서 엘리베이터를 타는 것도 안전하지 않아요. 등하교도 친구와 함께 해요.

혼자 집에 있을 때

집에 혼자 있을 때는 문과 창문을 잠그고 있어요. 누군가 찾아오면 조용히 아무도 없는 척해요. 평소 잘 아는 사람이라도 함부로 문을 열어 주지 말고 어른이 있을 때 다시 오시라고 말해요.

내 몸을 만지려고 할 때

다른 사람이 내 몸을 만지려고 할 때는 싫다고 크게 소리를 질러 사람들에게 알리고 빨리 도망쳐야 해요. 평소 목에 호루라기를 걸고 다니다가 위험에 빠지면 호루라기를 불어 도움을 요청하는 것도 좋은 방법이에요.

생생 경찰서 체험 일기

경찰관 아저씨, 감사합니다!

우리 반 친구들과 함께 경찰서를 견학하고 왔다. 경찰서는 학교 근처에 있어 지나다니면서 자주 보았지만 직접 들어가 보기는 처음이었다.

경찰서 입구에서 경찰관 아저씨가 왜 왔는지 묻더니 민원 봉사실로 가라고 가르쳐 주셨다. '후유~' 긴장했었는지 우리는 심호흡을 하다 서로 바라보고 웃었다.

경찰관 아저씨의 안내로 경찰차에 무선 지령 체험을 하고 있어요.

민원 봉사실에서 경찰관 언니 한 분이 우리를 반갑게 맞아 주셨고 경찰서에서 하는 일과 견학할 때 주의해야 할 점들을 일러 주셨다. 민원 봉사실은 사람들이 많이 드나들고 있어 꽤 분주해 보였다. 바쁜 업무 중에도 우리를 안내해 주셔서 참 고마웠다.

우리는 먼저 경찰에 관한 홍보 비디오를 보고 교통 안전 교육을 받았다. 지금까지 교통 규칙에 대해 쉽게 생각했었는데 내가 제대로 지키지 못하고 있는 것이 생각보다 많아 좀 부끄러웠다.

다음으로 경찰서 견학의 하이라이트! 상황실을 견학했다. 나이가 지긋한 실장님께서 상황실에서 하는 일과 무선 지령에 대해 참 친절하게 설명해 주셨다. 그곳에서 무선 지령 체험도 해 보았다. 무전기에 대고 순찰차를 불러서 대화하는 것이었는데 난 떨려서 말도 제대로 못 하고 경찰관 아저씨의 말에 "네." 하고 대답만 했다. 그래서 상황실을 나올 땐 아쉬운 마음이 들었다.

하지만 견학을 마치고 나왔을 때 나와 대화했던 순찰차가 눈 앞에 나타났고 경찰관 아저씨가 반갑게 인사를 해 주셨다. 가슴이 두근거리면서 기분이 참 좋았다.

또 경찰 마스코트인 포돌이, 포순이와 사진도 찍었다. 마치 놀이 동산에서 캐릭터 인형과 사진을 찍는 것처럼 신이 났지만 친구들이 놀릴까 봐 태연한 척했다.

경찰서 견학을 마치고 경찰 캐릭터인 포돌이, 포순이와 함께 기념 촬영 찰칵!

경찰서 문을 나서면서 우리는 누가 먼저랄 것도 없이 입구에 계신 경찰관 아저씨께 큰 소리로 당당하게 인사를 했다. 왠지 모르게 뿌듯함이 가슴 속에서 마구 샘솟았다.

무선 지령을 해 보아요!

무선 지령 체험 사진을 붙여 보아요.

먼저 '순찰자'를 줄여서 '순'이라고 불러요. 컴퓨터 모니터에는 순찰자의 번호가 보이는데 이 번호는 주로 우리말로 읽어요. 그래서 15번 순찰차를 부르고 싶다면 '순 열다섯'이라고 부르면 된답니다.
그러면 15번 순찰차에서 "여기" 하고 응답이 올 거예요. 재미있겠지요?

우리 가까이에 있는
소방서와 경찰서

우리와 함께 소방서와 경찰서를 둘러본 느낌이 어때? 전에 자주 갔었던 박물관이나 다른 현장 체험 학습장과는 많이 달랐지? 흔히 가볼 수 없는 곳이기에 더 좋은 경험이었을 거야. 소방관 아저씨나 경찰관 아저씨가 직접 안내하고 친절하게 설명도 해 주셔서 이해는 쏙쏙, 감사하는 마음은 쑥쑥!

난 소방서와 경찰서에서 여러 가지 안전 교육도 받고 체험도 하면서 이젠 불이 나도, 수상한 사람을 만나도 침착하게 잘 대처할 수 있을 거라는 자신감이 생겼어. 하지만 역시 아저씨들 말씀처럼 예방이 가장 중요하다고 생각해. 우리 안전은 우리가 먼저 지켜야 하지. 사고가 나면 후회해도 늦잖아.

이제 집에 가면 한꺼번에 많은 전기 코드를 꽂아 놓진 않았는지, 가스 밸브는 잘 잠그고 있는지 구석구석 살펴볼 거야. 그리고 가끔 엄마 몰래 라이터 가지고 놀았던 것도 반성하고 불장난 같은 건 절대로 안 할 거야.

또 차 안에서는 꼭 안전벨트를 매고 얌전히 앉아 있을 거야. 무단 횡단도 하지 않을래. 그 동안엔 '나 하나쯤 어때.' 하고 종종 교통 규칙을 어길 때도 있었거든. 밤늦게 집 밖을 돌아다니지 않을 거고.

이렇게 하나하나 얘기하고 나니까 좀 부끄럽네. 그래도 앞으로는 안전 수칙을 잘 지키는 어린이가 되기로 결심했어. 작은 일에도 소홀하지 않고 시민의 안전을 위해 최선을 다하시는 소방관, 경찰관 아저씨들을 보며 새삼 고마움을 많이 느꼈어.

참, 그거 아니? 소방서와 경찰서 홈페이지에 들어가면 고마운 분들께 메시지를 남길 수 있대. 오늘 우리를 안내해 주셨던 소방관, 경찰관 아저씨들께 감사의 마음을 전해서 조금이나마 기쁘게 해 드리면 좋겠지?

그럼, 우리 다음에 또 즐거운 체험학습으로 만나자. 안녕~!

나는 소방서, 경찰서 박사!

1 다음 그림을 보고 번호에 맞는 이름을 써 보아요.

보 기

열 감지기, 연기 감지기, 소화전, 소화기, 통로 유도등, 스프링클러, 완강기

❶ ________ ________ ________
❷ ________ ________ ________
❸ ________ ________ ________
❹ ________ ________ ________
❺ ________ ________ ________
❻ ________ ________ ________
❼ ________ ________ ________

2 다음 교통 표지판을 보고 알맞는 것끼리 연결해 보아요.

 • • 어린이 보호 구역

• • 공사 중 주의

 • • 자전거 통행 금지

 • • 횡단보도

③ 십자말 풀이를 해 보아요.

1						3		
2				5		4		
		7					6	
		8						
9								
				11				
10							12	13

〈가로 열쇠〉

2. 화재를 진압할 때 몸을 보호하기 위해 입는 옷.
4. 빨간불, 초록불, 노란불로 신호를 알리는 등불. 횡단보도에서 볼 수 있지요.
6. 손가락 끝의 무늬. 모든 사람들이 각각 달라 범인을 밝히는 증거로 많이 쓰여요.
8. 이로운 불을 잘못 다루면 생기는 재앙.
9. 소방관과 경찰관이 서로 연락하기 위해 갖고 다니는 무선 전화용 기계.
10. 신호에 따라 길을 건너도록 표시해 놓은 차도의 한 부분.
11. 경찰관이 신속하게 출동할 수 있도록 각 동마다 설치한 곳. 경찰서보다 작은 단위.
12. 질병이나 재앙을 미리 막음. 화재ㅇㅇ.

〈세로 열쇠〉

1. 화재가 나거나 어려움에 처했을 때 우리를 도와주는 사람. 119에 신고하면 출동하지요.
3. 교통이 혼잡할 때 교통 경찰이 손으로 하는 신호.
5. 경찰서에서 근무하며 우리의 안전을 지켜 주는 사람.
6. 사건이 발생하면 순찰차에게 출동을 지시하는 곳.
7. 초기 화재를 진압할 때 쓰는 기구. 집에 하나씩은 가지고 있어야 해요.
9. 교통 신호나 횡단보도에 상관없이 무단으로 길을 건너는 것.
13. 일부러 불을 지르는 것.

안전 체험 말판 놀이

소방서와 경찰서를 잘 둘러보았나요? 앞으로 무엇을 지켜야 하고, 하지 말아야 하는지 모두 잘 알겠지요? 그럼 친구들과 함께 안전에 관한 재미있는 말판 놀이를 하면서 다시 한 번 기억해 두어요.

말판 놀이의 규칙

준비물 : 주사위, 게임 참여자 수만큼의 말판

하나, 주사위를 굴려 나온 숫자대로 말을 움직여요.

둘, 둘 이상이 할 수 있어요.

셋, 도착에 꼭 맞게 수가 나와야 해요. 수가 남으면 남는 만큼 뒤로 돌아가세요.

불이 나도 침착해요.
앞으로 4칸
불장난을 했군요.
뒤로 2칸
꽝!
안전벨트를 착용했군요.
앞으로 3칸
작은 불씨도 잘 살펴요.
앞으로 5칸
한 번 쉬어요.
교통 신호를 잘 지켜요.
앞으로 1칸
길 건널 땐 좌우를 살펴요.
앞으로 2칸
모르는 사람에게 이름을 가르쳐 줬다고요?
뒤로 2칸
POLICE
길가에서 공놀이를 했다고요?
뒤로 2칸
119
도착!

정답

여기서 잠깐!

13쪽 (123) (128) (119)

25쪽 (×) (×) (×) (○) (○)

35쪽 포돌이, 포순이

39쪽

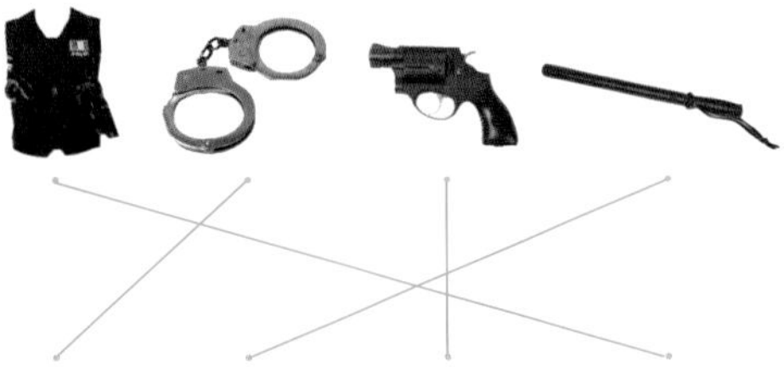

45쪽 강변 도로 주의 표지, 낙석 도로 주의 표지, 철길 건널목 주의 표지, 자전거 주의 표시

47쪽 (×) (○) (×) (○)

나는 소방서, 경찰서 박사!

❶ 다음 그림을 보고 번호에 맞는 이름을 써 보아요.

보기
열 감지기, 연기 감지기, 소화전, 소화기, 통로 유도등, 스프링클러, 완강기

❶ 열 감지기
❷ 스프링클러
❸ 연기 감지기
❹ 완강기
❺ 통로 유도등
❻ 소화전
❼ 소화기

❷ 다음의 교통 표지판을 보고 알맞는 것끼리 연결하세요.

어린이 보호 구역

공사중 주의

자전거 통행 금지

횡단보도

❸ 십자말 풀이를 해 보아요.

1 소						3 수		
2 방	화	복		5 경		4 신	호	등
관				찰		호		
		7 소		관			6 지	문
		8 화	재				령	
9 무	전	기					실	
단				11 지	구	대		
10 횡	단	보	도				12 예	13 방
단								화

가로 열쇠

2. 화재를 진압할 때 몸을 보호하기 위해 입는 옷.
4. 빨간불, 초록불, 노란불로 신호를 알리는 등불 횡단보도에서 볼 수 있지요.
6. 손가락 끝의 무늬. 모든 사람들이 각각 달라 범인을 밝히는 증거로 많이 쓰여요.
8. 이로운 불을 잘못 다루면 생기는 재앙.
9. 소방관과 경찰관이 서로 연락하기 위해 갖고 다니는 무선 전화용 기계.
10. 신호에 따라 길을 건너도록 표시해 놓은 차도의 한 부분.
11. 경찰관이 신속하게 출동할 수 있도록 각 동마다 설치한 곳. 경찰서보다 작은 단위.
12. 질병이나 재앙을 미리 막음. 화재○○.

세로 열쇠

1. 화재가 나거나 어려움에 처했을 때 우리를 도와주는 사람. 119에 신고하면 출동하지요.
3. 교통이 혼잡할 때 교통 경찰이 손으로 하는 신호.
5. 경찰서에서 근무하며 우리의 안전을 지켜 주는 사람.
6. 사건이 발생하면 순찰차에게 출동을 지시하는 곳.
7. 초기 화재를 진압할 때 쓰는 기구. 집에 하나씩은 가지고 있어야 해요.
9. 교통 신호나 횡단보도에 상관없이 무단으로 길을 건너는 것.
13. 일부러 불을 지르는 것.

사진 출처

경기도소방방재본부 12p(소방 상황실, 옛 소방차), 14p(소방대원 상징), 15p(소방 상징),

경찰박물관 34p(정복, 진압복, 감식복, 교통 경찰복, 경찰특공대복), 35p(경찰의 상징), 36–37p(포도대장복, 포도군관복, 총순복, 육모방망이, 딱딱이, 오랏줄, 지휘도, 삼지창), 38–39p(호신용 조끼, 수갑, 권총, 방패, 방석모, 현장 종합 감식 세트, 지문 확대경, 차량 컴퓨터 단말기, 가스 분사기, 경찰봉, 무전기, 차량용 무전기, 교통 신호봉, 음주 측정기, 속도 측정기)

관악소방서 14p(진압 대원, 구조 대원), 15p(진압복)

김원미 20p(드므, 해치)

도로교통안전관리공단 44–45p(교통 표지판)

동작소방서11p(안전 체험실)

서울시민안전체험관 4p(체험관 내부 전경)

용산소방서 10–11p(소방서 차고, 소방 상황실, 소방 망루, 체력 단련실), 16–17p(펌프차, 통합지휘차, 화학차, 굴절사다리차, 고가사다리차, 물탱크차), 18–19p(구급차, 구조차, 유압절단기, 공기톱, 동력절단기, 유압절단기, 로프발사총, 현관문 파괴기)

주니어김영사 5p(박물관 전경), 16–17p(소방헬기, 소방정), 38–39p(거짓말 탐지기, 순찰차, 순찰용 모터사이클), 41p(112 신고 센터)

이형선 28p(방화복 체험, 방수 훈련), 48–49p(상황실 체험, 포돌이 포순이 촬영)

한국119소년단 4p(한국119소년단 사이트)

초등학교 교과서와 관련된 학년별 현장 체험학습 추천 장소

1학년 1학기 (21곳)	1학년 2학기 (18곳)	2학년 1학기 (21곳)	2학년 2학기 (25곳)	3학년 1학기 (31곳)	3학년 2학기 (37곳)
철도박물관	농촌 체험	소방서와 경찰서	소방서와 경찰서	경희대자연사박물관	IT월드(과천정보나라)
소방서와 경찰서	광릉	서울대공원 동물원	서울대공원 동물원	광릉수목원	강원도
시민안전체험관	홍릉 산림과학관	농촌 체험	강릉단오제	국립민속박물관	경희대자연사박물관
천마산	소방서와 경찰서	천마산	천마산	국립서울과학관	광릉수목원
서울대공원 동물원	월드컵공원	남산골 한옥마을	월드컵공원	국립중앙박물관	국립경주박물관
농촌 체험	시민안전체험관	한국민속촌	남산골 한옥마을	기상청	국립고궁박물관
코엑스 아쿠아리움	서울대공원 동물원	국립서울과학관	한국민속촌	서대문자연사박물관	국립국악박물관
선유도공원	우포늪	서울숲	농촌 체험	선유도공원	국립부여박물관
양재천	철새	갯벌	서울숲	시장 체험	국립서울과학관
한강	코엑스 아쿠아리움	양재천	양재천	신문박물관	남산
에버랜드	짚풀생활사박물관	동굴	선유도공원	경상북도	남산골 한옥마을
서울숲	국악박물관	고성 공룡박물관	불국사와 석굴암	양재천	롯데월드 민속박물관
갯벌	천문대	코엑스 아쿠아리움	국립중앙박물관	경기도	국립민속박물관
고성 공룡박물관	자연생태박물관	옹기민속박물관	국립민속박물관	이화여대자연사박물관	삼성어린이박물관
서대문자연사박물관	세종문화회관	기상청	전쟁기념관	전쟁기념관	서대문자연사박물관
옹기민속박물관	예술의 전당	시장 체험	판소리	천마산	선유도공원
어린이 교통공원	어린이대공원	에버랜드	DMZ	한강	소방서와 경찰서
어린이 도서관	서울놀이마당	경복궁	시장 체험	화폐금융박물관	시민안전체험관
서울대공원		강릉단오제	광릉	호림박물관	경상북도
남산자연공원		몽촌역사관	홍릉 산림과학관	홍릉 산림과학관	월드컵공원
삼성어린이박물관		국립현대미술관	국립현충원	우포늪	육군사관학교
			국립4·19묘지	소나무 극장	해군사관학교
			지구촌민속박물관	예지원	공군사관학교
			우정박물관	자운서원	철도박물관
			한국통신박물관	서울타워	이화여대자연사박물관
				국립중앙과학관	제주도
				엑스포과학공원	천마산
				올림픽공원	천문대
				전라남도	태백석탄박물관
				경상남도	판소리박물관
				허준박물관	한국민속촌
					임진각
					오두산 통일전망대
					한국천문연구원
					종이미술박물관
					짚풀생활사박물관
					토탈야외미술관

4학년 1학기 (34곳)	4학년 2학기 (56곳)	5학년 1학기 (35곳)	5학년 2학기 (51곳)	6학년 1학기 (36곳)	6학년 2학기 (39곳)
강화도	IT월드(과천정보나라)	갯벌	IT월드(과천정보나라)	경기도박물관	IT월드(과천정보나라)
갯벌	강화도	광릉수목원	강원도	경복궁	KBS 방송국
경희대자연사박물관	경기도박물관	국립민속박물관	경기도박물관	덕수궁과 정동	경기도박물관
광릉수목원	경복궁 / 경상북도	국립중앙박물관	경복궁	경상북도	경복궁
국립서울과학관	경주역사유적지구	기상청	덕수궁과 정동	고성 공룡박물관	경희대자연사박물관
기상청	경희대자연사박물관	남산골 한옥마을	경상북도	국립민속박물관	광릉수목원
농촌 체험	고창, 화순, 강화 고인돌유적	농업박물관	경희대자연사박물관	국립서울과학관	국립민속박물관
서대문자연사박물관	전라북도	농촌 체험	고인쇄박물관	국립중앙박물관	국립중앙박물관
서대문형무소역사관	고성 공룡박물관	서울국립과학관	충청도	농업박물관	국회의사당
서울역사박물관	충청도	서울대공원 동물원	광릉수목원	롯데월드 민속박물관	기상청
소방서와 경찰서	국립경주박물관	서울숲	국립공주박물관	몽촌토성과 풍납토성	남산
수원화성	국립민속박물관	서울시청	국립경주박물관	민주화현장	남산골 한옥마을
시장 체험	국립부여박물관	서울역사박물관	국립고궁박물관	백범기념관	대법원
경상북도	국립서울과학관	시민안전체험관	국립민속박물관	서대문자연사박물관	대학로
양재천	국립중앙박물관	경상북도	국립서울과학관	서대문형무소 역사관	민주화 현장
옹기민속박물관	국립국악박물관 / 남산	양재천	국립중앙박물관	서울역사박물관	백범기념관
월드컵공원	남산골 한옥마을	강원도	남산골 한옥마을	조선의 왕릉	아인스월드
철도박물관	농업박물관 / 대법원	월드컵공원	농업박물관	성균관	서대문자연사박물관
이화여대자연사박물관	대학로	유명산	롯데월드 민속박물관	시민안전체험관	국립서울과학관
천마산	롯데월드 민속박물관	제주도	충청도	경상북도	서울숲
천문대	몽촌토성과 풍납토성	짚풀생활사박물관	서대문자연사박물관	암사동 선사주거지	신문박물관
철새	불국사와 석굴암	천마산	성균관	운현궁과 인사동	양재천
홍릉 산림과학관	서대문자연사박물관	한강	세종대왕기념관	전쟁기념관	월드컵공원
화폐금융박물관	서울대공원 동물원	한국민속촌	수원화성	천문대	육군사관학교
선유도공원	서울숲	호림박물관	시민안전체험관	철새	이화여대자연사박물관
독립공원	서울역사박물관	홍릉 산림과학관	시장 체험 / 신문박물관	청계천	중남미박물관
탑골공원	조선의 왕릉	하회마을	경기도	짚풀생활사박물관	짚풀생활사박물관
신문박물관	세종대왕기념관	대법원	강원도	태백석탄박물관	창덕궁
서울시의회	수원화성	김치박물관	경상북도	해인사 고려대장경과 장경판전	천문대
선거관리위원회	승정원 일기 / 양재천	난지하수처리사업소	옹기민속박물관	호림박물관	우포늪
소양댐	옹기민속박물관	농촌, 어촌, 산촌 마을	운현궁과 인사동	유니세프 한국위원회	판소리박물관
서남하수처리사업소	월드컵공원	들꽃수목원	육군사관학교	무령왕릉	한강
중랑구재활용센터	육군사관학교	정보나라	이화여대자연사박물관	현충사	홍릉 산림과학관
중랑하수처리사업소	철도박물관	드림랜드	전라북도	덕포진교육박물관	화폐금융박물관
	이화여대자연사박물관	국립극장	전쟁박물관	서울대학교 의학박물관	훈민정음
	조선왕조실록 / 종묘		창경궁 / 천마산	상수허브랜드	상수도연구소
	종묘제례		천문대		한국자원공사
	창경궁 / 창덕궁		태백석탄박물관		동대문소방서
	천문대 / 청계천		한강		중앙119구조대
	태백석탄박물관		한국민속촌		
	판소리 / 한강		해인사 고려대장경과 장경판전		
	한국민속촌		화폐금융박물관		
	해인사 고려대장경과 장경판전		중남미문화원		
	호림박물관		첨성대		
	화폐금융박물관		절두산순교성지		
	훈민정음		천도교 중앙대교당		
	온양민속박물관		한국에너지기술연구원		
	아인스월드		한국자수박물관		
			초전섬유퀼트박물관		

숙제를 돕는 사진

소방서 차고

소방서 체력 단련실

안전 체험실

소방 상황실

경찰 정복 (남)

경찰 정복 (여)

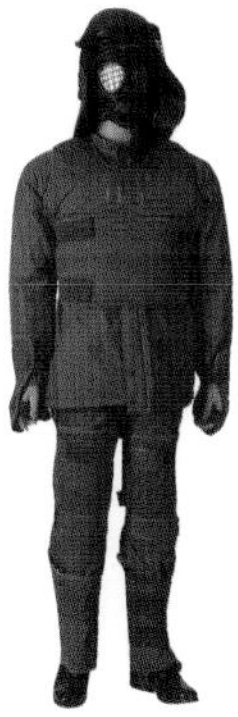

진압복

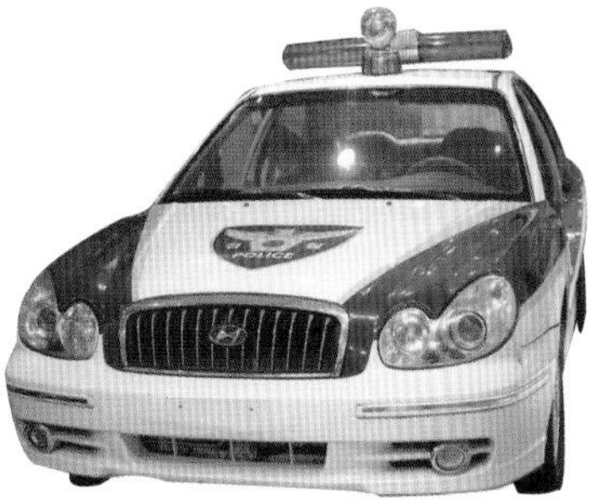

순찰차

숙제를 돕는 사진

현장 감식복

교통 경찰복

경찰특공대복

육모방망이

오랏줄

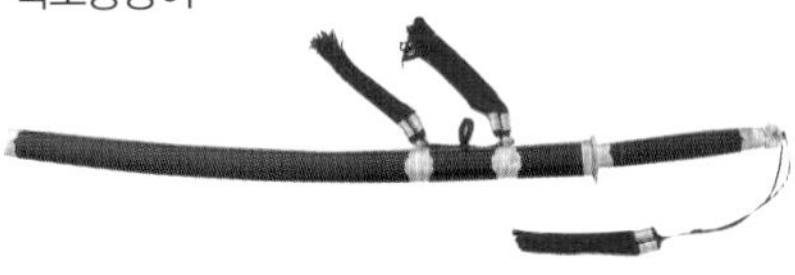
지휘도

금속 탐지기

무전기

속도 측정기

펌프차

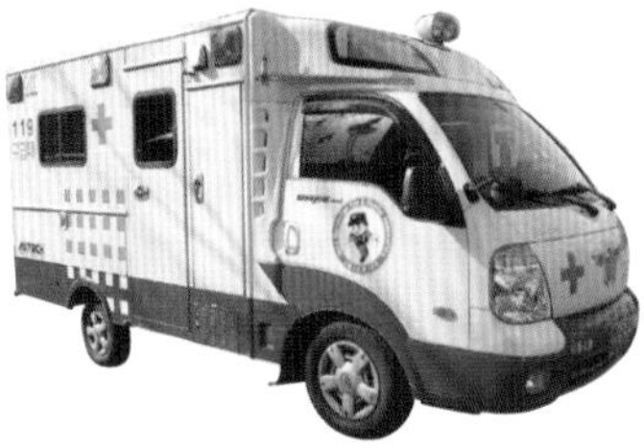
구급차

굴절사다리차

구조차